알아두면 돈이 되는
# 철학 명저 50

불확실한 세상을 살아가는 지혜

# 알아두면 돈이 되는
# 철학 명저 50

**오카모토 유이치로** 지음 | **박소영** 옮김

BOOKERS

# 진짜 교양을 익힌다!
## 주옥같은 '철학 명저' 50권

아리스토텔레스『형이상학』, 데카르트『방법서설』, 칸트『순수이성비판』등, 한 번쯤은 그 이름을 들어봤을 법한 위대한 철학자들이 세상에 남긴 수많은 명저들. 철학에 해박하지 않은 사람이라도 조금은 지적 호기심을 불러일으킬 만합니다. 하지만 이러한 책들은 대체로 두껍고 난해해서 한 권을 다 읽기란 좀처럼 어려운 법이지요.

그리하여 이 책은 독자 여러분께 철학 '명저'들의 요점을 알기 쉽게 정리하고, 쉴 새 없이 변화하는 현대 사회를 살아가는 데 도움이 될 '진짜 교양'을 제공하고자 합니다.

물론 제가 지금까지 철학 명저를 해설한 적이 없는 것은 아닙니다. 그런데 왜 새롭게 이 책을 쓰려고 했을까요?

그 까닭은 이 책에서 다루는 명저를 보면 알 수 있습니다. 이 글에서 책 제목을 언급하지는 않겠지만, 기존 철학서의 해설서에서는 거의 보지 못했던 책도 포함되어 있습니다. 뛰어난 명저인데도 좀처럼 소개되지 않았던 책입니다.

또 다른 이유는, 각각의 명저를 다룰 때 천편일률적인 해설을 하기보다는 '근본적으로 무엇을 겨냥했는가?'에 초점을 맞춰 어떤 의논과 비판이 이루어졌는지를 주목하고자 했습니다. 이는 연구의 기본적인 태도로서, 독자 여러분은 명저의 내용을 단순히 이해하는 것뿐만 아니라 '비평하는 시점' 도 더불어 확인할 수 있을 것입니다.

현대 사회는 정보 사회입니다. 책에 관한 지식은 인터넷에서 누구나 쉽게 얻을 수 있고, 책에 관한 정보를 모아 한 권의 해설서를 만드는 일은 그다지 어렵지 않습니다. 하지만 앞서 언급한 두 가지의 중요성을 이해하고 있기에, 다른 형태의 책을 쓰는 것이 저에게는 중요한 과제였습니다.

이 책은 각각의 명저를 직접 읽고 연구 과정을 확인하면서, 제 나름의 이해를 바탕으로 집필했습니다. 저의 전문 영역은 주로 근현대 철학이지만, 이 책에는 이외 분야의 책들도 포함되었습니다. 그럼에도 불구하고 기본적으로 전문 영역의 책을 읽는 것과 동일한 태도로 써 나갔습니다. 그것이 어디까지 달성되었는지는 독자 여러분께 판단을 맡길 수밖에 없습니다.

이 책을 집필하는 과정에서 여러 연구서와 논문을 참고하였습니다만, 그것들에 관하여 전부 언급하지는 못했습니다. 이에 관계자 여러분께 이해를 구하며, 이 자리를 빌려 깊이 감사드립니다.

오카모토 유이치로

# CONTENTS

## CHAPTER

# 도대체 철학이란 무엇일까?

×

'철학의 탄생'과 '신'에 관해 고찰하는 명저 10권

**1 『소크라테스의 변명』** 소크라테스 / 플라톤     14

'악법도 법이다', '무지의 지'로 알려진 고대 그리스 철학자 소크라테스는 대화를 통해 진리를 탐구한 끝에 사형을 선고받았다

**2 『국가』** 플라톤     18

소크라테스를 처형한 민주제에 절망한 플라톤은 자신의 철학을 펼친 이 책에서 철학자가 국가를 통치해야 한다는 '철인정치론'을 내세웠다

**3 『형이상학』** 아리스토텔레스     22

스승 플라톤을 강하게 비판했던 아리스토텔레스. 대표작인 이 책을 올바르게 읽으려면 '형이상학'의 이중성을 이해해야 한다

**4 『인생의 짧음에 관하여』** 루키우스 안나이우스 세네카     26

인생에 대한 반성과 깊은 통찰이 특징인 스토아학파 철학자 세네카. 이 책은 인생을 살아가는 법을 이야기한다

**5 『그리스 철학자 열전』** 디오게네스 라에르티오스     30

수수께끼 가득한 저자로 인해 신뢰도에 의심을 받은 책이지만, 직접적인 자료가 부족했던 시대에 철학자의 생애와 행동을 흥미롭게 묘사했다

**6 『고백록』** 아우렐리우스 아우구스티누스     33

기독교로 회심하는 드라마를 숨김없이 그린 책으로서, 기독교 문학의 걸작으로 꼽히는 동시에 후세 철학과 사회에 지대한 영향을 미쳤다

**7 『프로슬로기온』** 안셀무스     36

'스콜라 철학의 아버지'라고 불리는 중세 철학자 안셀무스가 논증을 시도한 '신의 존재론적 증명'은 근대 데카르트와 칸트에게도 영향을 주었다

**8 『긍정과 부정』** 피에르 아벨라르     40

'중세 최초의 근대인'이라고 불리는 아벨라르의 책. '독자가 자유롭게 논의할 수 있는 형식'이라는 점에서 현대에도 통하는 지성으로 가득하다

**9 『신학대전』** 토마스 아퀴나스     43

전체 45권에 달하는 대작. '기독교와 아리스토텔레스 철학의 통일'을 달성한 토마스 아퀴나스가 이 책을 통해 밝힌 것은 무엇일까?

**10 『우신예찬』** 데시데리우스 에라스무스     47

유창한 라틴어를 구사하여 글로벌한 활약을 펼친 에라스무스가 심심풀이로 쓴 이 책은 유럽 각국에 번역되어 베스트셀러가 되었다

# 02
## CHAPTER

어떻게
하면
올바른
판단을
할 수
있을까?

✕

'이성이란 무엇인가'를
알려주는 명저 10권

⑪ 『수상록』 미셸 드 몽테뉴　52

모럴리스트의 제1인자 몽테뉴. 그는 세상에 선보인 수필에서 많은 부분을 신학자 '레이몽 스봉'을 변호하는 데 할애했다

⑫ 『신기관』 프랜시스 베이컨　56

'실험적 철학의 아버지'로 알려진 베이컨은 이 책을 통해 아리스토텔레스를 대신하는 새로운 논리학을 내세우고 근대 과학의 길을 개척했다

⑬ 『리바이어던』 토머스 홉스　60

청교도 혁명과 명예혁명으로 영국이 위기에 빠졌던 시대에 기계론적 유물론을 제창한 홉스는 이 책으로 근본적인 해결책을 제시했다

⑭ 『방법서설』 르네 데카르트　64

'나는 생각한다, 고로 존재한다'라는 말로 유명한 데카르트는 모든 지식을 의심하고자 했다. 그 결과 '모든 학문의 기초'가 될 논리를 찾아냈다

⑮ 『팡세』 블레즈 파스칼　68

'이성을 흔들림 없는 것'으로 보지 않았던 파스칼. 독특한 시점에서 인간의 모습을 그린 이 책은 '생각하는 갈대'라는 표현으로 유명하다

⑯ 『에티카』 바뤼흐 스피노자　72

반시대적 철학으로 여겨져 박해를 받았던 스피노자. 하지만 사후에 익명으로 출판한 이 책을 통해 후세 철학자에게 재평가되었다

⑰ 『인간지성론』 존 로크　76

'영국 경험론'의 기원이 된 이 책을 통해 데카르트로 시작되는 '대륙합리론'과의 대립이 명확해졌다

⑱ 『모나드론』 고트프리트 라이프니츠　80

미적분과 이진법 등을 만든 수학적 재능으로 잘 알려진 라이프니츠. 이 책은 그가 남긴 몇 안 되는 철학서로 대륙합리론의 한 축을 맡았다

⑲ 『인간 본성에 관한 논고』 데이비드 흄　84

흄이 20대에 쓴 이 책은 '위험 서적'으로서 혹독한 비판을 받았다. 그 원인은 당시 최고의 가치로 여겼던 '이성'을 부정했기 때문이다

⑳ 『사회계약론』 장 자크 루소　88

이 책은 민주주의의 선언서라는 평가를 받은 한편, '파시즘'의 선구 사상으로 비난받았다. 이 책과 루소의 이중성을 어떻게 이해해야 할까?

## 03
### CHAPTER

이 세상을
어떻게
살아야
할까?

✕

'세계'와 '나'의
연결고리를 보여주는
명저 10권

㉑ 『순수이성비판』 임마누엘 칸트     94

이 책은 '비판주의'라는 방법을 통해 기존에 전개된 근대 철학을 완성하고, 근대 자연과학의 기초가 되는 방법을 제시했다

㉒ 『도덕과 입법의 원리서설』 제러미 벤담     98

때때로 공리주의는 '개인의 이익을 중시한 에고이즘 철학'이라는 오해를 받았다. 그러나 이 책이 말하고자 하는 것은 '에고이즘의 극복'이다

㉓ 『정신현상학』 게오르크 헤겔     102

'독일 관념론의 완성자'로 알려진 헤겔은 이 책을 통해 비참한 패전을 겪은 후진국 독일을 철학으로 새롭게 재건하고자 했다

㉔ 『의지와 표상으로서의 세계』 아르투어 쇼펜하우어     106

페시미즘을 내세우며 '인생은 불합리하고 고뇌로 가득 차 있다'라고 한 쇼펜하우어의 이 책은 젊은 시절의 니체에게 결정적인 영향을 미쳤다

㉕ 『기독교의 본질』 루트비히 포이어바흐     109

당시 명성이 높았던 헤겔을 비판한 포이어바흐의 책은 마르크스에게 압도적인 영향을 미쳐 철학 사상의 전환점을 만들어냈다

㉖ 『자유론』 존 스튜어트 밀     113

동서고금을 막론하고 '자유'는 다양하게 규정되어 왔다. 이 책에서 밀이 주장하는 '자유'는 현대인이 떠올리는 '자유' 개념의 기원이다

㉗ 『죽음에 이르는 병』 쇠렌 키르케고르     117

'실존주의'의 시조로 알려진 키르케고르는 기존의 '실존' 개념에 특별한 의미를 담았다. 그는 이 책에서 자신의 실존 철학을 마음껏 펼쳤다

㉘ 『자본론』 카를 마르크스     121

자본가와 노동자의 격차가 확대되었던 19세기 후반, 마르크스는 자본주의 사회를 구조적으로 분석하고 경제·사회 문제를 해결하고자 했다

㉙ 『차라투스트라는 이렇게 말했다』 프리드리히 니체     126

파란만장한 인생을 산 니체가 소설 형식으로 쓴 이 책에는 많은 '수수께끼'가 있다. '수수께끼'를 풀면서 읽는 것도 이 책을 즐기는 방법이다

㉚ 『순수현상학과 현상학적 철학의 이념들』 에드문트 후설   130

여러 학문의 기초를 다지는 '현상학'을 창시한 후설. 그는 과학과 철학의 관계에 관한 다양한 개념을 제시하여 문제에 몰두했다

# 04
## CHAPTER

## 도대체
## 나는 어떤
## 존재인가?

×

인간의 '존재'를
탐구하는 명저 10권

**31** 『물질과 기억』 앙리 베르그송     136

자연과학이 발달하면서 철학의 존재 가치를 묻던 시기, 베르그송은 '신체(물질)'와 '마음(기억)'의 이원론을 펼치며 독자적인 철학을 개척했다

**32** 『지칭에 관하여』 버트런드 러셀     140

노벨문학상을 수상하는 등 다채로운 활약을 펼쳤던 러셀. 이 책의 이론은 독일 철학자 프레게의 영향을 빼놓고 말할 수 없다

**33** 『논리철학논고』 루트비히 비트겐슈타인     144

분석 철학의 역사 그 자체인 비트겐슈타인. 이 책은 실제로 입증 가능한 학문만을 참된 지식으로 여겼던 '논리실증주의'에 큰 영향을 주었다

**34** 『존재와 시간』 마르틴 하이데거     148

현대 철학은 하이데거를 빼놓고 이야기할 수 없다. 하지만 그의 세계적인 베스트셀러인 이 책은 난해하기로도 유명하다. 왜일까?

**35** 『존재와 무』 장 폴 사르트르     152

일거수일투족이 세계의 주목을 모았던 사르트르. 현상학적 관점에서 존재의 문제를 다룬 이 책은 전 세계에 '실존주의 붐'을 일으켰다

**36** 『인간의 조건』 한나 아렌트     156

아렌트의 삶을 그린 영화가 개봉하는 등 최근 그의 철학에 대한 관심이 높아지고 있다. 그는 이 책을 통해 '인간이란 무엇인가'를 밝혔다

**37** 『보이는 것과 보이지 않는 것』 모리스 메를로 퐁티     160

사르트르의 그늘에 가려졌던 메를로 퐁티는 독자적인 철학과 활동이 주목을 받게 되었지만, 이 책이 유고집이 되었다

**38** 『정의론』 존 롤스     164

이 책은 현대까지 이어지는 '자유주의' 논쟁의 도화선이 된 동시에 철학의 중심지가 프랑스와 독일에서 미국으로 이동하는 계기가 되었다

**39** 『광기의 역사』 미셸 푸코     168

'구조주의' → '포스트구조주의' → '자기 이탈'로 사유 방식을 바꿔갔던 푸코. 이 책은 그의 원점이자 구조주의 철학으로서 주목을 받았다

**40** 『글쓰기와 차이』 자크 데리다     171

구조주의의 권위자 레비스트로스를 비판하여 주목을 받았던 무명의 철학자. 그가 내세운 철학은 대립 구조 그 자체를 극복하는 '탈구축'이다

## 철학은 어디로 향하는가?

×

'현재와 미래'를 읽는 명저 10권

**④①『의사소통 행위이론』 위르겐 하버마스**　178

프랑크푸르트학파 제2세대인 하버마스는 제1세대의 근대적 이성을 비판하는 방향을 계승하면서도 '의사소통적 이성'이라는 모델을 내세웠다

**④②『언어적 전회』 리처드 로티**　182

미국의 프래그머티즘을 부활시키고 '네오 프래그머티즘'을 주장한 로티의 이름이 세상에 널리 알려지게 된 혁명적 사상이 '언어적 전회'이다

**④③『자아의 원천들』 찰스 테일러**　186

테일러는 리버럴리즘을 비판하고 '커뮤니테리어니즘'(공동체주의)을 내세우며 '자아'나 '주체'와 같은 '근대적 정체성'의 유래에 주목했다

**④④『제국』 안토니오 네그리 & 마이클 하트**　190

'현대판 공산당선언' 『제국』. 과거의 제국주의와 달리 '제국'은 자본주의의 글로벌한 세계 질서 자체이다. 제국의 대항마가 되는 것은 무엇일까?

**④⑤『지구의 통찰』 J.베어드 캘리콧**　193

'환경윤리학의 창시자' 캘리콧. 환경보호주의 관점에서 과격한 주장을 거듭하는 한편, 세계가 직면한 환경 문제에 많은 시사점을 주고 있다

**④⑥『냉소적 이성 비판』 페터 슬로터다이크**　196

이 책으로 독일에서 단숨에 각광을 받으며 새로운 세대의 등장을 알린 슬로터다이크. 그가 밝혀낸 '냉소적 이성'이란 무엇일까?

**④⑦『이데올로기의 숭고한 대상』 슬라보예 지젝**　200

현대 철학계를 견인하는 지젝을 전 세계에 알린 대표작. 라캉의 정신분석이론과 헤겔 철학을 통해 이데올로기의 '환각'을 밝힌다

**④⑧『기술과 시간』 베르나르 스티글레르**　203

'감옥에 다녀온 철학자'로 알려진 스티글레르는 '미디올로지'에 주목했다. 언어의 매개가 되는 기술과 미디어의 의의를 밝힌 책이다

**④⑨『유한성 이후』 쾅탱 메이야수**　207

'사변적 실재론'의 이론적 지주로 평가받는 메이야수는 이 책을 출간하여 정체하던 현대 철학계의 새로운 영웅으로 각광받게 되었다

**⑤⓪『왜 세계는 존재하지 않는가』 마르쿠스 가브리엘**　211

이 책이 세계적인 베스트셀러가 되면서 단숨에 유명해진 가브리엘. 이 젊은 천재 철학자는 현대의 철학적 문제를 어떻게 해결할 것인가?

# CHAPTER 01

## 도대체 철학이란
## 무엇일까?

'철학의 탄생'과 '신'에 관해 고찰하는 명저 10권

『소크라테스의 변명』 소크라테스 / 플라톤

『국가』 플라톤

『형이상학』 아리스토텔레스

『인생의 짧음에 관하여』 루키우스 안나이우스 세네카

『그리스 철학자 열전』 디오게네스 라에르티오스

『고백록』 아우렐리우스 아우구스티누스

『프로슬로기온』 안셀무스

『긍정과 부정』 피에르 아벨라르

『신학대전』 토마스 아퀴나스

『우신예찬』 데시데리우스 에라스무스

# ① 『소크라테스의 변명』 *Apologia Sōkratās* 기원전 4세기

## 소크라테스 / 플라톤

『소크라테스의 변명』, 플라톤 지음, 노부토미 노부루 옮김, 고분샤고전신역문고.
『소크라테스의 변명 외—대화편』, 플라톤 지음, 박문재 옮김, 현대지성.

'악법도 법이다', '무지의 지(知)'로 알려진 고대 그리스 철학자 소크라테스는 대화
를 통해 진리를 탐구한 끝에 사형을 선고받았다.

**소크라테스** 고대 그리스의 철학자. 대화법으로 진리의 탐구를 추구
했으나, 위험 사상으로 몰려 재판에서 유죄 판결을 받고 처형되었
다. 소크라테스는 직접 남긴 저술이 없기 때문에 그의 철학은 플라톤
과 크세노폰 등 제자들의 책을 통해 알려졌다.

## 재판에서 사형을 선고받은 최초의 철학자

철학에 그다지 정통하지 않은 한, 고대 그리스 철학자들 중 가장 먼저 떠오
르는 사람은 소크라테스(Socrates, BC 469~399), 플라톤, 아리스토텔레스일
것이다.

사제 관계인 세 사람 가운데 오직 소크라테스만이 저술을 남기지 않았다.
즉 소크라테스가 직접 집필한 책은 없다. **그가 남긴 말과 철학은 어디까지
나 타인의 간접적인 기술을 통해서만 알 수 있다.**

철학에서는 그간 플라톤이 전하는 소크라테스가 중시되었다. 물론 여기
에는 문제도 있다. 플라톤이 전하는 소크라테스가 실제 그의 모습인지, 아
니면 플라톤에 의해 각색된 것인지 정확히 판단할 수 없기 때문이다.

소크라테스 철학은 대체로 플라톤의 기술에 따라 이해하는 것이 기본이다. 하지만 희극 작가인 아리스토파네스가 묘사하는 소크라테스는 소피스트(수업료를 받고 변론술을 가르쳤던 지식인)의 우두머리와도 같다.[1] 반면 플라톤은 소크라테스를 소피스트의 비판자로 본다. 어느 쪽이 진짜 소크라테스의 모습일까?

소크라테스가 철학자로 불리는 이유는 **대화(문답)를 통해 진리를 탐구하는 방식을 고안**했기 때문이다. 이 대화법은 청년들에게 지대한 영향을 미쳤다. 하지만 소크라테스는 그 영향력으로 인하여 재판에서 사형을 선고받았다. 이 재판 과정을 그린 것이 『소크라테스의 변명』이다.

소크라테스는 사형이 선고된 후 형이 집행되기 전에 도망칠 기회가 있었다. 그럼에도 불구하고 그는 '악법도 법이다'라고 말하며 독배를 들었다. 『그리스 철학자 열전』(디오게네스 라에르티오스 지음, 30쪽 참조)에 따르면 '소크라테스는 유죄 판결을 받고 사형당한 최초의 철학자'로 나와 있다.

## 현자로 불린 사람도 대답에 쩔쩔맸던 질문

소크라테스는 왜 재판에 넘겨졌을까.

공식적으로는 그가 '천상과 지하의 일을 탐구하고, 약한 주장을 강하게 한다'는 것과 '국가가 인정한 신들을 믿지 않고 신기한 다이몬을 믿는다'는 것이었다. 하지만 근본적인 이유는 소크라테스 본인의 철학 활동에 있다.

어느 날 소크라테스의 친구가 델포이(고대 그리스의 성역) 신전을 방문했을 때 무녀로부터 '소크라테스를 능가하는 현자는 없다'라는 신탁을 받았다.

---

1) 희극『구름』을 통해 소크라테스를 조롱했다. ― 옮긴이

이 소식을 들은 소크라테스는 자신이 현자가 아니라고 생각했고, 이를 확인하기 위해 세간에 현자라고 불리는 사람을 찾아가 여러 질문을 던졌다. 당시 그가 선택한 대화 방식은 **'~이란 무엇인가'를 묻는 소크라테스식 문답법**이었다.

예를 들어 '[착함]이란 무엇인가?'라고 물었을 때 '곤란에 처한 사람을 돕는 것이 착한 일이다'라고 상대가 대답했다고 하자. 이에 대해 소크라테스는 그것은 '착한' 일의 사례 중 하나일 뿐 '착함이 무엇인가'라는 질문의 대답은 되지 않는다고 반론한다.

갑자기 이러한 근본적인 질문을 받으면 대다수 사람은 대답에 쩔쩔매기 마련이다. 현자로 불린 사람 역시 겉으로는 지식이 많아 보여도, 소크라테스가 던진 질문을 통해 실제로는 아무것도 모른다는 사실을 깨달았다.

## '무지의 지(知)'에 숨은 아이러니

소크라테스는 자신이 남들과 달리 '모르는 것'(무지)을 자각한 만큼, 그나마 다행이라는 생각에 이른다. 이른바 소크라테스의 '무지의 지'다. 여기에는 깊은 아이러니가 숨어 있다.

소크라테스는 현자라고 불린 사람들을 찾아가 자신에게 알려달라며 질문을 쏟아낸 끝에 도리어 그들이 아무것도 알지 못한다는 사실을 들추어냈다. 그가 현자라고 불린 사람들(사회의 유력인사들)의 미움을 산 것도 어쩌면 당연한 일이었다.

말하자면 소크라테스는 자신의 문답법으로 인해 스스로 사형을 초래했다고 볼 수 있다. 철학자는 위험한 질문을 던지는 사람인 것이다.

## 소크라테스의 '위험한 질문'이 사형을 초래했다.

소크라테스는 현자라고 불린 사람이
아무것도 알지 못한다는 사실을 들추어내 미움을 샀다.

POINT

자신의 '무지'를 자각하는 것이 참된 인식에 이르는 길이다.

## 플라톤

『국가 상, 하』, 후지사와 노리오 옮김, 이와나미문고.
『국가』, 박종현 옮김, 서광사.

소크라테스를 처형한 민주제에 절망한 플라톤은 자신의 철학을 펼친 이 책에서 철학자가 국가를 통치해야 한다는 '철인정치론'을 내세웠다.

고대 그리스를 대표하는 철학자. 아테네의 명문 가문에서 태어났다. 스승 소크라테스와의 만남과 그의 사형을 계기로 철학의 길에 입문해 40세 무렵에는 학당 '아카데메이아'를 세워 만년까지 연구와 교육 활동에 힘썼다.

## 이데아론과 이상 국가

소크라테스의 대화편을 평생에 걸쳐 쓴 플라톤(Plato, BC427경~347경)은 과연 어떤 철학을 가지고 있었을까.

플라톤의 초기 철학은 스승 소크라테스의 대화를 재구성한 내용이다.

소크라테스 대화법의 특징은 주로 '엘렌코스'(논박)라고 하는 방법으로서 상대방의 주장에 대해 논리적 부정합을 지적하고, 최초의 전제를 무너뜨리는 방향으로 나아간다. 통상 '디아렉티케'(문답법)라고 말하는 이 방식은 토론이 부정적인 결말로 마무리될 때가 많다. 즉, 상대방의 허점을 찌르고 모순을 지적하여 당황하게 하고는 대화가 끝나는 것이다.

이러한 대화는, 토론이 펼쳐지는 과정은 흥미로울지라도, 플라톤이 적극적으로 무엇을 주장하는지 알아차리기가 쉽지 않다.

　귀족 출신인 플라톤은 젊은 시절 정치에 뜻을 품었다. 하지만 소크라테스를 처형한 민주제에 절망하고 철학에 전념하게 되었다. **직접 정치에 관여하지 않고, 그 근본으로 거슬러 올라가 이상적인 국가의 모습을 탐구했던 것**이다. 그의 철학을 집대성한 책이 바로『국가』다. 플라톤은 이 책에서 소크라테스의 철학적 실천을 그렸을 뿐만 아니라 자신의 철학을 적극적으로 펼치기 시작했다.

　플라톤 철학은 일반적으로 초기·중기·후기로 크게 나뉘는데,『국가』는 중기 철학의 대표작이다. 플라톤은 그의 중심 사상인 이데아론을 적극적으로 주장하며 이를 바탕으로 한 이상 국가를 설명한다. 젊은 시절 정치에 품었던 뜻이 철학적 저작으로 결실을 맺은 것이다.

## '기게스의 반지' 등 다방면에 걸친 사고 실험

플라톤의『국가』는 제목만 보면 단순히 국가론에 관한 책으로 받아들이기 쉽다. 그러나 목차만 확인해도 다양한 주제를 다룬다는 것을 알 수 있다. 예를 들어 인식론과 존재론, 영혼론과 교육론, 예술론과 수학, 천문학 등 다양한 이야기가 펼쳐진다.

　그중에서도 선의 이데아에 관한 **'태양의 비유', '동굴의 비유', '선분의 비유',** 세 가지가 유명하며, **'기게스의 반지'**라는 투명 인간의 사례를 비롯해 뛰어난 사고 실험이 많이 등장한다. 그래서 각각의 이야기에 시선을 빼앗기다가 책 전체에서 말하고자 하는 목표를 놓치기 쉽다.

　그렇다면 이제『국가』가 전체적으로 무엇을 주장하는지에 집중해 논점을 정리해보자.

우선 플라톤의 기본 발상은 **철학자가 국가를 통치한다는 '철인정치론'**에 있다. 이것은 소크라테스가 민주제에 의해 처형되었던 아픈 경험에서 비롯되었다. 민주제는 머지않아 중우정치로 전락하여 정치를 부패시킨다고 생각했다. 이에 대해 플라톤은 다음과 같이 말한다.

"철학자들이 국가의 왕이 되어 통치하거나 혹은 현재 왕이나 권력자라고 불리는 사람들이 진실로 철학에 힘쓰지 않는 한, 즉 정치 권력과 철학적 정신이 일체화되고, 많은 사람의 자질이 지금처럼 두 가지 중 어느 한쪽으로 따로따로 나아가는 것이 강제로 금지되지 않는 한, 국가들의 불행은 끊이지 않을 것이고, 인류 또한 마찬가지다."

## 포퓰리즘에 기운 현대인에게 필요한 철학

그렇다면 '철학자'란 어떤 사람일까.

플라톤에 따르면 "철학자란 언제나 불변의 모습을 유지하는 것(이데아)에 닿을 수 있는 사람들이고, 반면에 다양하게 변하는 잡다한 사물 속에서 떠도는 사람들은 철학자가 아니다."

즉, **철학자가 되기 위해서는 '이데아'를 탐구해야 한다.** 국가에 관해 이야기하는 플라톤에게 '이데아론'이 결정적으로 중요한 까닭이다.

'이데아'는 영어 idea의 어원이다. 현대의 idea는 '관념'으로 번역되어, 일반적으로 머릿속에 있는 어떤 것으로 여겨진다. 그러나 플라톤의 '이데아'는 실재하는 것으로서 생성하고 소멸하는 우연적인 현상과 달리, 존속해나가는 본질적인 것이다. 플라톤은 **보통 사람은 눈앞에 보이는 현상에 사로잡혀 살지만, 철학의 역할은 소멸하지 않는 본질을 파악하는 것에 있다**고 말한다.

이러한 플라톤의 철학은 포퓰리즘에 기운 현대 민주주의 국가에 중요한 시사점을 던진다.

## 기게스의 반지

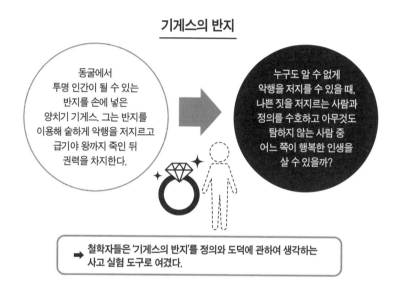

동굴에서 투명 인간이 될 수 있는 반지를 손에 넣은 양치기 기게스. 그는 반지를 이용해 숱하게 악행을 저지르고 급기야 왕까지 죽인 뒤 권력을 차지한다.

누구도 알 수 없게 악행을 저지를 수 있을 때, 나쁜 짓을 저지르는 사람과 정의를 수호하고 아무것도 탐하지 않는 사람 중 어느 쪽이 행복한 인생을 살 수 있을까?

철학자들은 '기게스의 반지'를 정의와 도덕에 관하여 생각하는 사고 실험 도구로 여겼다.

**POINT**

**국가를 통치하는 인물에게 필요한 것은 실재하는 본질적인 '이데아'의 탐구이다.**

## 아리스토텔레스

『형이상학 상, 하』, 이데 다카시 옮김, 이와나미문고.
『형이상학』(코기토 총서), 조대호 옮김, 길.

스승 플라톤을 강하게 비판했던 아리스토텔레스. 대표작인 이 책을 올바르게 읽
으려면 '형이상학'의 이중성을 이해해야 한다.

고대 그리스를 대표하는 철학자. 17세 무렵에 들어간 플라톤의 아
카데메이아 학당에서 20년간 학문을 닦는다. 플라톤 사망 이후 알
렉산드로스왕의 보호를 받아 아테네에 '리케이온'을 세워 연구와 교
육에 몰두했다.

## 스승 플라톤과의 대립

플라톤은 소크라테스의 제자로서 그를 모델로 한 저술 즉 대화편을 평생
에 걸쳐 집필했다. 아리스토텔레스(Aristoteles, BC 384~332)는 17세에 플라
톤의 학당 아카데메이아에서 배우기 시작했다. 플라톤과 아리스토텔레스
는 사제 관계였지만, 아리스토텔레스는 플라톤의 스승인 소크라테스를 직
접 알지는 못했다.

**철학사에서는 사제 관계인 철학자들이 이후에 격하게 대립하는 일이 꽤
나 많다.** 니체에 따르면, 제자는 언제까지나 제자의 자리에 머물러선 안 되
며 스승을 타도했을 때 비로소 참된 제자가 된다고 한다.

플라톤과 아리스토텔레스의 관계는 그 전형적인 사례라고 할 수 있다. 플

라톤 철학의 **가장 엄격한 비판자는 아리스토텔레스**라고 해도 과언이 아니다. 아리스토텔레스는 플라톤 철학에 대한 충분한 이해를 바탕으로 근본적인 비판을 했기 때문이다.

예를 들면, 플라톤은 이데아론에서 보편적이고 독립된 '이데아'의 존재를 주장했다. 그러나 아리스토텔레스는 이데아를 '형상'(에이도스)으로 말하고, 개개의 존재자로부터 독립하여 존재하지 않는다고 역설했다. 플라톤은 생성·소멸하는 현상에서 떨어진 곳에 이데아계를 상정했지만, **아리스토텔레스는 오히려 '형상'(에이도스)이 현상적인 세계에 내재한다**고 보았던 것이다. 또한, 플라톤은 학문으로서 이념적인 수학을 중시했지만, 아리스토텔레스는 경험에서 출발하는 자연학을 발전시켰다.

이러한 차이로 인하여 플라톤에서 유래한 '합리론'과 아리스토텔레스와 밀접한 '경험론'은 철학사에서 커다란 흐름을 형성했을 뿐 아니라 지금도 전통을 이어가고 있다. 그만큼 플라톤과 아리스토텔레스의 대립은 근본적이라고 말할 수 있다.

플라톤과 아리스토텔레스는 저작의 형식에서도 뚜렷한 차이가 있다. 플라톤의 저작은 대부분 대화편으로 이루어져 구체적인 인물들의 생생한 대화가 중심이 된다. 그래서 추상적인 개념이 나와도 구체적인 장면 설정이 제시되어 읽는 데 큰 어려움이 없다.

그러나 아리스토텔레스의 저작은 강의 형식으로서 처음부터 어느 정도 지식을 갖춘 독자를 전제로 한다. 독백 형식으로 이야기가 진행되어 자칫 단조롭게 느껴지기도 한다. 그래서 웬만한 의욕이 아니고서는 끝까지 다 읽기가 쉽지 않다. 다만, 얄궂게도 철학에서는 아리스토텔레스의 서술 방식이 이후에 철학 논문의 전형으로서 자리 잡았다.

## 플라톤과 아리스토텔레스의 차이

| 스승: 플라톤 | | 제자: 아리스토텔레스 |
|---|---|---|
| 이데아 | 보편적이고 독립한 존재 | · '형상'(에이도스)이라고 바꿔 말함<br>· 개개의 존재자로부터 독립하여<br>  존재하지 않는다. |
| 학문 | 이념적인 수학을 중시 | 경험에서 출발한 자연학을 중시 |
| 저작의<br>형식 | 대화편 | 강의 형식 |
| 철학<br>스타일 | 합리론 | 경험론 |

## '자연학 뒤에 속하는' 저작

아리스토텔레스의 대표작인 『형이상학』(메타피지카)은 아리스토텔레스가 지은 제목이 아니다. 그가 남긴 논문과 자필 원고를 모아서 이후에 편집자가 붙인 것이다. '자연학 뒤에 속하는 저작'이라는 의미에서 '메타(뒤)피지카(자연학)'라고 불렸다.

그런데 '메타'에 담긴 '뛰어넘다'라는 뉘앙스 때문에 이후에 **'메타피지카= 자연학을 뛰어넘는 저작'**으로 여겨지게 된다. 한국에서도 '형이상학'이라는 명칭은 '형태가 있는 것을 뛰어넘는 학문' 즉 구체적으로 경험 가능한 세계를 뛰어넘어 초경험적·비물체적 세계를 탐구하는 학문으로 여겨졌다.

하지만 아리스토텔레스의 『형이상학』을 읽을 때는 오히려 자연학 뒤에 속하는 저작으로서 이해하는 것이 좋다. 아리스토텔레스 자신은 이 책에서 '제1철학'을 밝히고자 하지만, 이 학문을 어떻게 평가할지 상당히 고심했다. 왜냐하면 '제1철학'(즉, 이후의 '형이상학')은 처음부터 두 가지 의미를 지녔기 때문이다.

## 형이상학의 과제 '이중성'

'형이상학'은 수적 존재나 자연적 존재처럼 특유의 모습을 다루는 학문이 아니다. 수적 존재를 밝히는 것은 수학이고, 자연적 존재를 탐구하는 것은 자연학이다. 하지만 '○○적 존재'가 아닌, 존재로서의 존재를 다루는 학문도 필요할 것이다. 이러한 학문의 연구가 바로 형이상학의 첫 번째 과제이다. 이후에는 **'존재론'**으로 불리게 되었다.

형이상학은 구체적인 영역으로 나뉜 모든 학문을 통괄하는 학문으로서 '존재로서의 존재'를 탐구하는 것이 고유한 영역이었다.

한편 형이상학은 다양한 존재자를 망라하는 신적인 것을 다뤄 '신학'으로 이해되기도 한다. 이는 말할 것도 없이 '존재로서의 존재'가 아닌 '신'이라는 특정한 존재자를 상정하고 있다.

그렇다면 이러한 **형이상학의 이중성**을 어떻게 이해하면 좋을까.

사실 이 질문 자체가 아리스토텔레스 연구의 중요한 과제인 동시에 철학사에서도 오랫동안 이어진 문제이다. 예를 들어, 근대 철학의 아버지 칸트의 시대에도 형이상학은 '일반 형이상학'으로서의 '존재론'과 '특수 형이상학'으로서의 '신학'으로 나뉘어 이들의 관계를 어떻게 이해하느냐가 중요한 문제였다.

오늘날 아리스토텔레스의 『형이상학』을 읽을 때는 이러한 역사를 참고하여 형이상학의 이중성을 이해하는 것이 중요하다.

POINT

**형이상학은 '존재론'과 '신학'이라는 두 가지 측면이 있다.**

## 루키우스 안나이우스 세네카

『인생의 짧음에 관하여』, 모테기 모토조 옮김, 이와나미문고.
『세네카의 대화』 수록, 김남우 옮김, 까치.

세네카는 인생에 대한 반성과 깊은 통찰이 특징인 스토아학파에 속한 철학자다. 인생을 살아가는 법을 이야기한 이 책은 철학적인 인생론으로서 현대인도 어렵지 않게 읽을 수 있다.

로마 시대 코르도바에서 태어났다. 칼리굴라 황제 시절 재무관으로서 활약하지만 간통죄 혐의로 코르시카 섬으로 추방된다. 그 후 네로 황제를 정치적으로 보좌하다가 폭정을 제어하지 못하고 자리에서 물러난다. 은둔 생활에 들어간 뒤 집필에 몰두했다.

## 네로 황제의 가정교사와 브레인 역할을 맡다

일반적으로 철학과 정치의 관계는 그 사이가 멀어 보인다. 하지만 플라톤과 아리스토텔레스는 물론 20세기 철학자인 하이데거와 사르트르도 저마다 방식은 다를지언정 진지한 태도로 정치에 참여했다.

로마 시대의 루키우스 안나이우스 세네카(Lucius Annaeus Seneca, BC 4경~AD65) 또한 정치에 참여한 철학자였다.

세네카는 로마 황제 칼리굴라와 네로 시대에 정계에 진출하여 바쁜 나날을 보냈다. 특히 네로 황제의 어린 시절에는 가정교사로, 네로가 황제에 오른 무렵에는 정치적 브레인 역할로서 힘을 보탰다. 황제에 오른 네로는 처음 5년간은 선정을 폈으나 이후 폭정을 일삼았다. 세네카는 관직에서 물러나 은거하였고, 끝내 네로의 폭주는 멈추지 않았다.

세네카는 결국 네로에 의해 자살에 내몰린다. 타키투스는 『연대기』(117)에서 '**네로의 잔인한 성품은 동생을 죽이고, 어머니를 죽이고, 부인을 자살에 몰아넣었다. 이제 스승(=세네카)을 죽이는 일 외에는 아무것도 남지 않았다**'라고 남겼다.

세네카는 **스토아학파**에 속하는 철학자다. 스토아학파는 기원전 3세기부터 시작되어 로마 시대까지 이어졌다. 특히 로마 시대 스토아학파에 속한 철학자는 세네카 외에도 에피크테토스와 마르쿠스 아우렐리우스가 유명하다.

이러한 후기 스토아학파 철학의 특징은 '인생'에 대한 반성과 그것으로부터 나온 깊은 통찰에 있다. 세네카도 예외 없이 '**행복**'과 '**관용**', '**마음의 평정**'과 같이 인간이 살아가는 법과 관련된 글이 많다.

철학을 인생론으로 생각하는 사람에게 아마도 스토아학파의 철학은 매력적인 길잡이가 될 것이다. 특히 정치 요직에 있는 친구 파울리누스에게 보낸 편지인 『인생의 짧음에 관하여』는 세네카가 자신의 신념을 구체적이고 솔직하게 드러낸 글로서 독자에게 깊은 인상을 줄 것이다.

## 시간을 어떻게 쓰느냐에 따라 인생은 짧아지기도 길어지기도 한다

『인생의 짧음에 관하여』는 세네카가 잠시 정계에서 쫓겨나 코르시카 섬에서 지내다 다시 복귀하려고 준비하던 서기 49년에 로마에서 쓴 것이다.

추방 이전에는 그도 정계에서 바쁜 나날을 보냈지만, 제3대 로마제국 황제인 칼리굴라의 음모로 코르시카 섬에서 유배 생활을 했다. 세네카는 이때의 경험을 바탕으로 중앙 정계에서 일하는 친구에게 '어떻게 살아야 하는지'

에 관하여 절절히 이야기한다.

이 책의 메시지는 거의 모든 글에 드러나 있다. 조금 길지만 달리 코멘트가 필요하지 않기 때문에 그대로 인용한다.

"죽어야 할 몸인 인간 대부분은 자연의 심술궂음을 한탄한다. 우리는 짧은 생을 살려고 태어난 데다 우리에게 주어진 이 짧은 시간조차도 빠르게 지나가기 때문에 극소수를 제외하면 사람들은 삶이 시작되자마자 삶에 버림받는다. (중략) 하지만 우리는 짧은 시간을 가진 것이 아니라, 실은 대부분의 시간을 낭비하고 있다. 인생은 그 시간이 전체적으로 유효하게 쓰인다면 위대한 일도 이룰 수 있을 만큼 충분히 주어져 있다."

그리스 철학자들은 인간을 '죽어야 하는 존재'라고 부르며, 생(인생)의 유한함에 대해 계속 이야기해 왔다. 이에 세네카는 '인생이 짧은' 것이 아니라 그 시간을 어떻게 쓰느냐에 따라 달라진다고 강조한다. 말하자면 **'인생은 방법을 알면 길다'**는 것이다.

그런데도 "세상에는 한없이 탐욕에 빠진 자도 있고, 헛된 수고를 하며 쓸데없는 일에 몰두하는 자도 있다. 술에 빠져 지내는 자가 있는가 하면, 게으른 자도 있다. 타인의 의견에 끊임없이 좌우되는 야심에 끌려 다니다가 녹초가 된 자도 있고, 장사로 떼돈을 벌고 싶은 욕심에 온 나라와 바다를 돌아다니며 사욕의 꿈을 좇는 자도 있다……"

이런 식으로 인생을 살아가는 방법을 알지 못하는 사람의 이야기가 이어진다.


## 고요한 항구에 돌아가라

그렇다면 세네카는 인생을 어떻게 살라는 것일까. 그는 요직에 있던 친구

파울리누스에게 다음과 같이 권유한다.

"자네는 군중들에게서 멀어지게. 나이에 비해 지금까지 여기저기 쫓아다녀야 했던 자네는 마침내 고요한 항구에 돌아가는 것이 좋겠네. (중략) 고생이 끊이지 않고 숱한 시련을 거쳐 자네의 덕은 이미 충분히 증명되었다네. 자네의 덕이 여유로운 생활에서 어떻게 행하는지를 시험해 보거나. 자네의 생애 대부분은, 적어도 좋은 부분은 이미 국가를 위해 바쳤다네. 자네의 시간 일부를 자신을 위해 쓰는 것도 좋지 아니한가."

하지만 얄궂게도 **세네카는 이렇게 말한 뒤 곧바로 정계에 돌아갔다.**

## 인생은 유한하지만 충분히 길다

세네카 이전의 그리스 철학

세네카의 철학

인생은 짧은가?

인생은 방법을 알면 길다

시간의 낭비

시간은 유한

술

게으름

사리사욕

➡ 인생이 짧은 것이 아니라, 시간을 어떻게 쓰느냐가 중요

POINT

**인생은 짧은 것이 아니라, 시간을 어떻게 쓰는지를 알면 길어진다.**

## ⑤ 『그리스 철학자 열전』 Vitae Philosophorum  3세기경

### 디오게네스 라에르티오스

『그리스 철학자 열전 상, 중, 하』, 가쿠 아키토시 옮김, 이와나미문고.
『유명한 철학자들의 생애와 사상 1, 2』, 김주일 외 옮김, 나남.

수수께끼 가득한 저자로 인해 신뢰도에 의심을 받은 책이지만, 직접적인 자료가
부족했던 시대에 철학자의 생애와 행동을 흥미롭게 묘사했다.

3세기 전반에 활약한 철학사가. 잘 알려지지 않은 수수께끼 같은 인
물로, 예로부터 이름도 다양하게 표기되어 정확한 이름조차 알 수 없
다. 『그리스 철학자 열전』은 많은 일화와 철학자들에 관한 여러 가지
설을 모은 고대 그리스 로마 철학의 귀중한 자료이다.


## 베일에 휩싸인 철학사가

그리스 철학에서 플라톤과 아리스토텔레스가 아닌 철학자의 사상은 직접
적인 자료가 거의 남아있지 않아 난처할 때가 많다. 이럴 때 예로부터 사료
로 쓰였던 책이 디오게네스 라에르티오스(Diogenes Laertius, 3세기경)의 『그
리스 철학자 열전』이다. 최초의 인쇄본은 이미 16세기에 간행되어 근대 이
후 철학자들은 그 혜택을 누렸다.

그런데 놀랍게도 이 책은 **저자명이나 집필 시기는 물론 원제도 정확히 알
수 없다**고 한다. 애초에 '디오게네스 라에르티오스'가 본명인지 단순한 필명
인지, 또한 디오게네스와 라에르티오스의 관계조차 명확하지 않다. 그래서
당연히 저자의 출생·사망 연도도 알 수 없다.

책에 나오는 내용을 바탕으로 3세기 무렵에 활동한 철학사가로 추측하지만, 작가가 과연 철학 전문가인지 의심되는 지점도 있다.

왜냐하면 이 책은 **철학자 250명에 관하여 1,186회나 언급하고 있고 출처로 제시한 책 수도 365권에 이르지만**, 각각을 충분히 이해한 뒤에 정합적으로 편집했다고는 보이지 않기 때문이다. 그래서 '선인들의 책에서 인용한 것을 어수선하게 모아놓은 편찬서'라거나 '타인의 책에서 발췌하고 짜깁기한 글에 지나지 않는다'는 평가를 받기도 한다.

## 디오클레스 『철학자전』을 베낀 책?

지금은 구할 수 없는 그리스 철학자들의 자료를 수집하고 후세에 남긴 점을 높이 평가한다고 해도, 이 책의 신뢰도는 예전부터 의문이 제기되어 왔다.

예를 들면 19세기 철학자 니체는 이 책을 문제 삼아 라에르티오스가 어떤 저작을 이용했는지 되묻고 흥미로운 가설을 세웠다. 그는 이 책이 디오클레스의 『철학자전(요람)』을 거의 그대로 옮겨 썼다고 주장했다. "라에르티오스의 글 전체는 약간 보충한 부분을 제외하면 디오클레스의 글을 필요한 곳만 가져다 쓴 것과 다름없다." 즉, 라에르티오스의 책이 디오클레스의 글을 베꼈다는 이야기다.

오늘날 니체의 주장에는 의견이 엇갈리지만, 『그리스 철학자 열전』에 담긴 문제를 확인하고자 한다.

## 관심을 끄는 철학자의 말과 행동이 가득

고대 철학사를 기술하는 방식에는 두 가지 전통이 계승되었다.

하나는 **철학자의 개성은 무시하고, 문제에 대응하여 철학자의 가르침을**

설명하는 학설사적 전통이다. 다른 하나는 **철학자의 생애와 개인적인 성격, 사제 관계 등에 착안하여 흥미롭게 이야기하는 전기적 전통**이다.

라에르티오스의『그리스 철학자 열전』은 이 두 가지 전통을 결합한 방식으로 서술되었다. 특히 전기적 측면에서 '재밌고 웃긴 일화나 기발한 언행'을 다루는 대목은 이 책의 매력이기도 하다.

그렇다면 철학자들의 주장에 통일성이 없는데도, 저자는 왜 그들의 '성격'을 전달하기 위해 '사소한 행동이나 말과 농담'을 썼을까.

현대와 마찬가지로 당시에도 '철학을 배우면 무슨 도움이 될까'라는 질문을 철학자들이 종종 받았던 것 같다. 이러한 질문에는 철학자의 가르침을 상세히 전하기보다 그들의 행동이나 성격을 인상 깊게 보여주는 편이 이해하기 쉽다.

철학을 잘 모르는 사람이 철학에 관심을 갖게 하려면 무미건조한 철학 이론보다는 철학자의 개성을 생생하게 보여주는 편이 더 효과적일 것이다. 그래서 라에르티오스는 **가십 기사를 쓰듯 철학자의 행동을 수집하고 마지막에는 그가 지은 '시'로써 철학자의 생애에 신랄한 평가를 남겼다.**

『그리스 철학자 열전』은 오늘날에 보자면 자료 자체의 신뢰성에 비판이 제기된다. 하지만 당시 상황에서 철학자들의 자료를 남기고 그들의 생애와 행동을 흥미롭게 보여주었다는 의미에서, 이 책이 철학사에서 매우 중요한 작업이었음은 분명하다.

**POINT**

**철학자의 개성을 보여주는 일화와 기발한 언행이 철학에 대한 관심을 불러일으킨다.**

## 아우렐리우스 아우구스티누스

『고백 상, 하』, 핫토리 에이타로 옮김, 이와나미문고.
『고백록』, 박문재 옮김, CH북스.

기독교로 회심하는 드라마(이야기)를 숨김없이 그린 책으로서, 기독교 문학의 걸
작으로 꼽히는 동시에 후세 철학과 사회에 지대한 영향을 미쳤다.

로마제국 시대의 기독교 신학자이자 철학자. 테오도시우스 1세가 기
독교를 국교로 공인한 시기에 활동했다. 『고백록』『신국론』 등을 집
필하고 '로마=가톨릭교회' 이념을 확립해 중세 이후의 기독교에 막
강한 영향을 주었다.

## 기독교 철학의 시조

위대한 철학자는 종종 시대의 전환점에 등장한다. 아우렐리우스 아우구스
티누스(Aurelius Augustinus, 354~430)도 예외는 아니다. 그는 로마 제국이
쇠퇴하고 멸망에 가까워지던 시절에 활동하며 다음 시대(중세)의 중심 사
상을 확립했다.

기독교는 로마 시대에 인정을 받았지만 어디까지나 주변적인 종교였다.
중세에 이르러 처음으로 기독교는 세속적인 힘을 갖게 된다. 그 기초를 쌓
은 사람이 바로 아우구스티누스이다. 이것이 고대 로마제국 말기에 활동했
던 아우구스티누스를 철학사에서 중세 철학자로 보는 까닭이다. 그는 **중세
전체를 지배한 기독교 철학의 시조**인 것이다.

아우구스티누스의 어머니는 기독교도였지만 아버지는 이교도(기독교 이외의 종교를 믿는 자)였고, 그 자신도 젊은 시절에는 마니교에 빠져 '육욕에 지배되어 미쳐 날뛰고 욕망대로 살았던' 시절이 있었다. 즉, 젊은 시절의 아우구스티누스에게 기독교는 결코 자명한 전제가 아니었다.

그랬던 그가 스스로 기독교로 회심하고, 이를 바탕으로 인류 전체를 기독교로 인도하는 철학을 만들어갔다. 이 **'회심'의 드라마를 있는 그대로 그린 책이 『고백록』(397)**이다. 이 책은 아우구스티누스의 40세 무렵까지의 자전적 내용이지만 '회심'을 이야기하는 데는 충분할 것이다.

『고백록』은 기독교 문학의 걸작으로서 철학뿐만 아니라 후세에 큰 영향을 미쳤다. 또한, 20세기에 분석 철학을 내세운 비트겐슈타인과 현상학의 창시자인 후설 등도 『고백록』을 인용하고 고찰했다.

『고백록』 외에 아우구스티누스의 대표작으로는 방대한 내용의 『신국론』이 있다. 이 책은 **중세 기독교가 발전하는 과정에서 이론적인 중축**이 되었다.

## 부끄러운 행동을 '고백'한 이유

먼저 『고백록』의 전체 구성을 살펴보자. 이 책은 총 13권으로 구성되어 있는데, 그 내용에 관해 아우구스티누스는 다음과 같이 소개한다.

"『고백록』 13권은 나의 악과 선에 관하여 올바르고 선한 하나님을 찬양하고, 인간의 지성과 감정이 하나님께 향하도록 한다. 나는 이 책을 썼을 때 그러한 것이 내 안에 생기게 했고, 지금 읽어도 생긴다. 사람들이 이 책에 관해 어떻게 생각할지는 저마다의 몫이지만, 이 책을 많은 형제들이 기뻐했고 지금도 변함없이 기뻐하고 있음을 나는 알고 있다. 제1권부터 제10권까지는 나에 관해서, 남은 세 권에는 성서에 관해 '태초에 하나님이 천지를 창조하시니라'(창세기 1장 1절) 부분부터 안식일의 휴일(창세기 2장 4절)까지 기술되어 있다."

그는 이를 통해 정욕에 빠지고 도둑질까지 했던 과거를 낱낱이 고백(전반)하고, '회심'한 뒤『성서』를 어떻게 이해(후반)하는지의 내용으로 크게 나누었음을 알 수 있다. 다만 후반부는 다소 특수한 내용이기 때문에 대체로 전반부를 많이 읽는다.

하지만 근본적인 문제는 성직자로서 명망 높은 인물이 어째서 부끄러운 행동과 비난받을 법한 이야기를 고백했느냐는 점이다. 이 질문은 아우구스티누스가 책을 쓴 대상과도 관련되어 있다.

## 회심을 호소하는 책

『고백록』의 소개문에서 아우구스티누스가 자연스럽게 밝힌 부분에 주목해보자. 글에 따르면 그가 이 책을 쓴 목적은 '많은 형제들'(즉 인류)을 위해서다. 그는 자신과 형제들이 모두 다를 바 없이, 똑같은 인간으로서 똑같이 죄를 저지르고 잘못을 한다고 여긴 듯하다. **자신과 마찬가지로 형제들 역시 죄를 저질렀을지라도, 신은 인간의 죄를 용서할 수 있고 인간 또한 회심할 수 있다.** 아우구스티누스는 이 사실을 전하고자『고백록』을 집필한 것으로 보인다.

아우구스티누스의『고백록』을 종종 '(죄의) 참회록'이자 '(신에 대한) 찬미록'이라고 말하는데, 나아가서는 **'(회심을) 촉구하는 책'**으로도 말할 수 있지 않을까. 그의 개인적 고백은 모든 사람에게 열려 있다.

POINT
**인간은 누구나 죄를 저지르지만, 신은 인간을 용서하고 인간 또한 회심할 수 있다.**

## 안셀무스

『프로슬로기온』, 나가사와 노부히사 옮김, 이와나미문고.
『프로슬로기온』, 박승찬 옮김, 아카넷.

'스콜라 철학의 아버지'라고 불리는 중세 철학자 안셀무스가 논증을 시도한 '신의 존재론적 증명'은 근대의 데카르트와 칸트에게도 영향을 주었다.

중세 유럽의 신학자이자 철학자. 1093년부터 숨을 거두기 전까지 캔터베리 대주교를 역임했다. 처음으로 이성적, 학술적으로 신을 이해하고자 노력했던 그는 중세 '스콜라 철학의 아버지'라고 불린다. 신의 본체론적(존재론적) 증명으로도 유명하다.

## 신앙을 이성으로 논증하려 했다

중세 철학자라고 하면 아우구스티누스와 토마스 아퀴나스의 이름이 바로 거론된다. 두 사람은 각각 중세 철학 초기와 후기를 대표하는데, 이들을 이어주는 역할을 한 사람이 바로 캔터베리의 안셀무스(Anselm of Canterbury, 1033~1109)이다. 그가 살던 시대는 마침 십자군이 시작되어 중세가 커다란 변혁기에 들어섰을 때였다.

안셀무스가 잉글랜드의 캔터베리 대주교에 취임한 시기는 '카노사의 굴욕'(1077)으로 상징되는 성직자 서임권 투쟁의 시대였다. 안셀무스는 왕실과 교황 사이에서 정치적인 조정을 하는 한편, 신학적인 문제에서 기독교인이 아닌 사람도 설득할 수 있는 논증을 생각했다. 이러한 시기에 안셀무스는 『왜 신은 인간이 되었는가』를 썼다. 그리스도의 성육신(preincarnation, 하나님의 독생자 예수가 인류 구원을 위하여 성령에 의해 마리아의 태내에서 사람으로 잉태된 일)에 관하여 비기독교인에게도 설득할 수 있는 논증을 보이고자 했던 것이다.

대체로 안셀무스는 **'스콜라 철학의 아버지'라고 불리며, 지금까지 신앙에서 이야기하던 내용을 이성으로 논증**하고자 했다.

최초의 저작인 『모놀로기온』(독어록)에서는 "증명은 어떠한 것도 성서의 권위에 일절 기대지 않고, (중략) 추리의 필연성이 간결하게 필요하며 진리의 명확성이 명백하게 증명하는 것"이라고 말한다. 이 방침을 철저히 지키기 위해 안셀무스는 『모놀로기온』에서 '신'이라는 단어를 단 두 곳에서만 사용하고 '최고의 본성', '최고의 본질'이라는 표현으로 대체하였다.

이러한 안셀무스의 논증에서 가장 유명한 것이 **신의 존재론적 증명**이다. 이는 중세시대뿐만 아니라 근대 철학의 데카르트와 칸트도 문제로 다뤘을 정도여서 그 영향력이 얼마나 컸는지 알 수 있다.


## 중세 철학의 중대한 문제 '신앙과 이성'

신의 존재론적 증명은 그의 주요 저서인 『프로슬로기온』(대어록)의 제2장에 나온다. 하지만 논증을 보기 전에 안셀무스가 이것을 어떻게 평가했는지 확인할 필요가 있다. 바로 '신앙과 이성'에 관련된 문제다.

『프로슬로기온』제1장에서 안셀무스는 중세 철학의 중대한 문제인 '신앙과 이성'의 관계를 다음과 같이 서술하고 있다.

"제가 믿고 또한 사랑하는 당신의 진리를 얼마만이라도 이해하기를 소망합니다. 저는 처음부터 당신을 믿기 위해 이해하기를 원하지 않으며, 이해하기 위해 믿습니다."

여기에서 '당신'이 지칭하는 대상은 '신'이지만, 이 논의는 좀 더 일반화할 수 있을 것이다. 애초에 '이해하기 위해 믿는 것'과 '믿기 위해 이해하는 것'에는 어떤 차이가 있을까.

여기에서 이해할 수 있는 것이나 논증 가능한 것만을 믿는(즉, 믿기 위해서 이해하는) 일은 거부된다. 그뿐만 아니라 믿는 것만으로도 충분하다(즉, 이해하는 것은 불필요하다)는 생각도 거부된다. 오히려 안셀무스는 믿기 때문에 그것을 더욱 깊이 이해하려는 태도(즉, 이해하기 위해 믿는 것)를 추구했다.

이러한 태도를 바탕으로 안셀무스는 '신이 진짜 존재함'을 논증하려고 한다. 그 논증은 다음과 같은 논의에서 출발한다.

**① 신은 '그보다 위대한 존재를 생각할 수 없는 무언가'이다. (정의)**

**② 신의 존재를 부정하는 '어리석은 자'일지라도, 신의 존재를 부정하는**

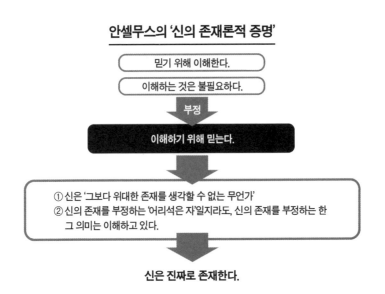

**안셀무스의 '신의 존재론적 증명'**

믿기 위해 이해한다.

이해하는 것은 불필요하다.

부정

이해하기 위해 믿는다.

① 신은 '그보다 위대한 존재를 생각할 수 없는 무언가'
② 신의 존재를 부정하는 '어리석은 자'일지라도, 신의 존재를 부정하는 한 그 의미는 이해하고 있다.

**신은 진짜로 존재한다.**

한 그 의미는 이해하고 있다. 그가 이해한 것은 그 이해 안에 있다는 것을
인정한다.

## 귀류법을 통해 신의 존재를 증명

이 두 가지 전제로부터 안셀무스는 신의 존재를 증명한다. 원문의 의미를
제대로 느끼기 위해 그대로 인용한다.

"그보다 위대한 것을 생각할 수 없는 것이 생각에만 존재하기란 불가능하
다. 왜냐하면 만약 적어도 생각에만 있다면 그것이 실재한다는 것을 생각할
수 있고, 그것이 더 위대하기 때문이다. 그래서 만약 그보다 위대한 것을 생
각할 수 없는 것이 생각에만 있다면, 그보다 위대한 것을 생각할 수 없는 것
자신이 그보다 위대한 것을 생각할 수 있는 것이다. 그러나 분명히 이것은
불가능한 일이다. 따라서 그보다 위대한 것을 생각할 수 없는 무언가는 생
각 안에도, 실재로서도 존재한다."

여기에서 쓰이고 있는 것이 귀류법(또는 배리법)이라는 증명법이다. 만약
'생각'에만 있고 실제로 존재하지 않는다면, 최초의 전제 '그보다 위대한 것
을 생각할 수 없는 것'에 어긋나게 된다. 따라서 **생각에서만 아니라 실재로
서도 존재한다는 것**이다. 만약 이 증명에 위화감을 느낀다면 데카르트와 칸
트의 비판을 읽어보기를 추천한다.

POINT

**'이해하기 위해 믿는 것'을 통해 신이 존재함을 논증했다.**

## 피에르 아벨라르

『중세 철학 원전 집성』수록, 조치대학중세철학연구소 편역, 헤이본샤.
『긍정과 부정』국내 미출간.

'중세 최초의 근대인'이라고 불리는 아벨라르가 쓴 책으로 '독자가 자유롭게 논의
할 수 있는 형식'이라는 점에서 현대에도 통하는 지성으로 가득하다.

중세 프랑스의 논리학자이자 신학자. '유명론' 학파의 창시자로 알려
졌으며, 후에 토마스 아퀴나스가 집대성한 스콜라 철학의 기초를 세
웠다. 제자였던 아르장퇴유의 엘로이즈와 나누었던 로맨스로도 알
려져 있다.

## 엘로이즈와의 슬픈 사랑 이야기

과거에는 중세를 근대의 '계몽'(빛)과 대비되는 무지와 미신의 '암흑시대'로
생각하는 일이 많았다. 하지만 오늘날 이러한 중세관은 자취를 감추고, 중
세의 풍요로운 문화가 확인되고 있다.

특히 피에르 아벨라르(Peter Abelard, 혹은 페트루스 아벨라르두스, 1079~1142)
가 활동했던 시대는 '12세기 르네상스'라고도 불리며 자유롭고 활발한 논의
가 펼쳐졌다. 그중에서도 아벨라르는 **중세 최초의 근대인**이라고 일컬어질
만큼 행동과 생각 모두 기존 중세의 이미지를 뒤바꾼 혁신적인 철학자였다.

먼저 유명한 연애 사건을 짚고 가자. 일반적으로 아벨라르의 이름이 알려
진 계기는 『아벨라르와 엘로이즈』라는 제목의 책으로도 출간된, 두 사람이

주고받은 편지 때문이다. 아벨라르는 성직자임에도 스무 살 이상 어린 엘로이즈와 사랑에 빠져 아이마저 갖게 한다. 이에 엘로이즈의 삼촌은 아벨라르를 거세하고 두 사람의 사이를 갈라놓는다. 이들이 주고받은 사랑의 편지는 근대에도 오랫동안 사람들에게 널리 읽혔다. 지금도 어딘가에 있을 법한 이들의 일화는 900년 전의 이야기로만 느껴지지 않는다.

## 홉스와 로크에게 영향을 준 '유명론'

다음은 중세 철학에서 중요한 보편 논쟁을 살펴보자. 그 발단은 포르피리오스가 『아리스토텔레스의 범주론 입문』에서 쓴 다음 한 구절이다.

"유(類)와 종(種)에 관하여 그것이 객관적으로 존재하는지, 아니면 단순히 공허한 관념으로만 존재하는지, 또한 존재한다면 물체인지 비물체인지, 그것들이 '비물체적 존재라면' 분리될 수 있는지, 아니면 감각 대상 안에 의존해 존재하는지에 관한 문제가 있다."

이 문제에 대해 아벨라르는 후자의 입장을 택해 **'유명론파'**라고 불리게 되었다. 근대에 이르러서는 홉스와 로크와 같은 경험론자들이 유명론을 따랐다. 이처럼 아벨라르는 한발 앞서 근대를 맞이할 준비를 했던 철학자였음을 알 수 있다.

## '찬성 의견'과 '반대 의견'을 병기

이러한 아벨라르의 특징은 가장 유명한 저서인 『긍정과 부정』에서도 확인할 수 있다. 하지만 내용은 다소 생소할 수 있기 때문에 간단히 짚고 가자.

『긍정과 부정』은 **신학의 중심적인 문제부터 윤리학까지 포함하는 광범위한 158개 문제에 대한 교부들의 명제를 모은 책**이다. 각각의 문제를 놓고 '20

명이 넘는 교부들의 교리에 관한 견해를 모았는데' 당시에는 드문 일이 아니었다. 그렇다면 그 밖에 어떤 부분이 달랐던 것일까.

『긍정과 부정』은 교부들의 견해를 모았을 뿐만 아니라, 각각의 문제에 대해 **'긍정'하는 설명과 '부정'하는 설명으로 나누어 양쪽의 논리를 병기하는 형태로 나타냈던 점**이다. 게다가 저자인 아벨라르는 대립하는 의견을 조정하거나 해결하려 하지 않고, 의견 대립이나 모순된 생각도 그대로 제시하여 독자 스스로에게 판단을 맡겼다. 그래서 서문에서 다음과 같이 말한다.

"이러한 종류의 글은 믿어야 하는 필연성이 아니라, 판단할 자유를 가지고 읽어야 한다."

이처럼 아벨라르의 저서는 근대는 물론, 현대에도 통하는 메시지를 전하고 있다.

『긍정과 부정』은 구체적인 문제를 제시하고 그에 대한 찬성 의견과 반대 의견을 명기하여 각각의 논거를 확인하는 방식을 통해 독자를 교육하는 책으로서 오늘날에도 충분히 통용된다. 게다가 **기독교의 관점에서 먼저 논의하지 않고 반대 의견과 이론 자체의 모순을 보여줌으로써 지성의 자유로운 태도를 길러낼 것**이다.

'암흑시대의 중세'와 같은 이미지와는 한참 동떨어진 그의 저서는 자유로운 토론을 즐기는 현대적 지성을 느끼게 한다.

**POINT**

**'긍정'과 '부정' 양쪽을 제시하고 자유로운 토론을 유도하는 방법은 현대에도 통용된다.**

## 토마스 아퀴나스

『신학대전 Ⅰ, Ⅱ』, 야마다 아키라 옮김, 추코클래식.
『신학대전』, 정의채 외 옮김, 바오로딸.

일본어로 번역하는 데만 장장 50년이 걸린 전체 45권에 달하는 대작. '기독교와 아리스토텔레스 철학의 통일'을 달성한 토마스 아퀴나스가 이 책을 통해 밝힌 것은 무엇일까?

이탈리아의 신학자이자 철학자이며 성인. 나폴리대학에서 도미니코 수도회와 아리스토텔레스 철학을 접하고, 가족의 반대에도 도미니코 수도회에서 수행하다가 파리대학 신학부 교수에 취임했다. 다른 학파와의 논쟁에 몰두하며 '학문으로서의 신학'을 완성했다.

## 스콜라 철학의 완성자

11세기 말부터 13세기에 걸쳐 유럽 각지에 '대학'이라고 불리는 기관이 생겨났다. 이러한 **'학교'(스콜라)를 중심으로 형성된 철학이 '스콜라 철학'**이다. 그리고 '스콜라 철학의 완성자'라고 불리는 사람이 토마스 아퀴나스(Thomas Aquinas, 1255~1274)다. 그는 이탈리아 출신의 성직자이지만, 파리대학 신학부 교수가 되어 스콜라 철학의 완성에 매진했다.

토마스 아퀴나스 철학의 특징은 흔히 **기독교와 아리스토텔레스 철학의 통일**이라고 하는데, 여기에는 역사적 배경이 하나 있다. 사실 아리스토텔레스의 저작은 12세기까지 기독교 세계에 거의 알려지지 않았다. 논리학과 관련된 『범주론』과 『명제론』의 라틴어 번역본을 읽는 정도였다. 12세기 후반 무렵부터 다른 저작들이 아랍어 번역을 거쳐 조금씩 알려지기 시작했고, **본격적으로 아리스토텔레스의 저작이 널리 퍼지기 시작하는 시기는 13세기 이후**이다.

그리하여 토마스 아퀴나스가 아리스토텔레스 철학을 연구하던 시기에 아리스토텔레스 철학이 유행했던 것이다. 예를 들면 다음과 같은 이야기가 있다.

"객관적인 연대로 보면 천몇백 년 전의 철학자인 아리스토텔레스가 12세기부터 13세기에 걸쳐 라틴 기독교 세계에서는 참신한 '현대 사상'으로서 떠올랐던 것이다."[2]

한편 근대 철학자들은 '스콜라 철학'을 무용(無用)하고 번거로우며 시간을 허비하는 것으로 보고 대개 비판적인 태도를 보인다. 그렇다면 기독교와 아리스토텔레스 철학을 연결했다고 해도 이것이 과연 무슨 의의가 있을까. 아리스토텔레스의 개념 장치로 기독교 신앙을 복잡하게 만들기만 한 것은 아닐까.

## 512개 문제로 구성

토마스 아퀴나스의 주요 저서인 『신학대전』은 결코 가벼운 책이 아니다. 이 책은 일본어로 번역하는 데만 50년이 넘게 걸려 2012년에 완성되었는데(소분샤 출판), 무려 총 45권이나 된다.[3] '대전'인 만큼 분량도 압도적이다. '라틴

---

2) 출처:『토마스 아퀴나스』, 야마모토 요시히사, 이와나미신서.
3) 국내에는 가톨릭 전문 출판사 '바오로딸'이 라틴어 원문을 한국어로 옮겨, 현재까지 29권(~제105문)을 출간하였다. ─ 옮긴이

어 원전이 아닌, 번역본일지라도 이 책을 완독한 사람은 여전히 드물 것'이라고 말할 정도.

여기서 '대전'이라는 말은 단순히 양적인 규모를 나타내기 위함이 아니라, 저작으로서의 '체계성'을 나타내고 있다. 각각의 부분은 전체 안에서 위치가 정해져 있고, 서로 연관되어 있다.

그렇다면 그가 『신학대전』을 집필한 이유는 무엇일까. 그는 책 서문에서 "우리가 의도한 것은 기독교에 관하여 초심자를 인도하기에 적합한 방식으로 전하는 것"이라고 말한다.

『신학대전』은 초심자를 위한 입문서로서 다음과 같은 구성에 따라 총 512개의 문제를 다룬다.

제1부: 신에 관한 119개 문제

제2부: 인간에 관한 303개 문제

제3부: 그리스도에 관한 90개 문제


## '기독교의 신'과 '아리스토텔레스 철학의 신'을 둘 다 긍정

서술 방식을 간단히 설명하자면, 처음에 '문제'가 제시된다. 예를 들어 첫 문제는 '신성한 가르침이란 어떤 것인가, 또한 어느 정도의 범위에 이르는가'라는 질문을 제시하고, 거기에 포함된 문제를 10개 항목으로 나누어 다시 문제를 제시한다. 제1항은 '철학적인 모든 학문 외에 별도의 가르침을 배울 필요가 있는가'이다. 이어서 질문에 대한 의견을 말하고 그 이유를 밝힌다. 토마스 아퀴나스는 두 가지 이유를 언급한다.

다음으로 의견에 반대하는 의견이 제시되고, 앞서 말한 이유에 대해 반론한다. 마지막으로 제1항의 질문에 다음과 같이 답한다.

"신성한 가르침에 속하는 신학(테올로기아)과 철학의 일부분으로 여기는 신학(테올로기아)은 유형적으로 다르다."

지극히 형식적으로 보이지만, 이 질문을 통해 토마스는 **'기독교의 신'과 '아리스토텔레스 철학의 신'의 관계를 논하면서 양쪽의 존재를 모두 긍정한다고 주장**했던 것이다. 이처럼 논의를 펼치는 방식만으로도『신학대전』의 특징을 어렴풋이나마 이해할 수 있다.

POINT

**'질문'에서 시작되는 논의를 통해 기독교와 아리스토텔레스 철학을 연결한다.**

## 데시데리우스 에라스무스

『우신예찬』, 와타나베 가즈오 옮김, 이와나미문고.
『우신예찬』, 김남우 옮김, 열린책들.

유창한 라틴어를 구사하여 글로벌한 활약을 펼친 에라스무스가 심심풀이로 쓴
이 책은 유럽 각국에 번역되며 베스트셀러가 되었다.

1466년 로테르담에서 태어나 1536년 바젤에서 사망. 가톨릭 사제
이자 신학자이며 인문주의자. 에라스무스가 옮긴 라틴어·그리스어
대역 신약성서가 사람들에게 널리 읽히면서 종교개혁 시기에 유럽
전체에 영향을 끼쳤다.

## 심심풀이로 일주일 만에 쓴 베스트셀러

유럽의 르네상스는 '기독교적 신학주의에서 그리스적 인문주의로의 변화'
로 이해하는 것이 일반적이다. 하지만 이러한 관점은 단편적이어서 르네상
스의 의의를 놓칠 뿐만 아니라, 르네상스와 함께 일어났던 '종교개혁'의 연
관성도 이해할 수 없을 것이다.

특히 르네상스와 종교개혁을 연결한 데시데리우스 에라스무스(Desiderius
Erasmus, 1466~1536)의 활동은 기독교와 인문주의의 대립이 아닌, 오히려 그
연관성에 주목하는 편이 좋다.

네덜란드 출신인 에라스무스는 '로테르담의 에라스무스'라고 불렸다. 그
는 프랑스, 영국, 이탈리아, 독일, 스위스 등 유럽 전역에서 활동했다. 요즘

식으로 표현하면 **유창한 라틴어를 구사해 글로벌한 네트워크를 형성한 철학자**라고 말할 수 있다.

예를 들어 『유토피아』를 쓴 영국의 정치인 토마스 모어와는 평생 친구였고, 독일에서 종교개혁을 시작한 루터와는 격렬한 논쟁을 벌였다. 또한, 라틴어와 그리스어를 동시에 게재한 『교정 신약성서』(1516)를 출판하기도 했다. 이것은 **'서양에서 최초로 학술적으로 교정된 그리스어 신약성서'**로서 유럽 전체에 영향을 미쳤다.

학술적인 출판과는 별도로, 대중들에게는 1511년에 펴낸 『우신예찬』이 유명하다. 이 책은 에라스무스가 1509년에 런던에 있는 친구 토마스 모어의 집에 머물 때 구상한 것인데, 불과 일주일 만에 집필을 완성했다고 알려져 있다. 에라스무스는 당초 '심심풀이로 재미 삼아 쓰기 시작했던' 것이어서 '책으로 낼 생각이 없었다'고 한다.

『우신예찬』은 라틴어로 쓰였으나 유럽 각국에서 번역되어 베스트셀러가 되었다. 이 또한 오늘날의 글로벌한 상황과 닮았다.

## 사람들의 어리석은 행동을 폭로한 '희극'

이 책은 어리석음의 여신 모리아(Moria)가 청중 앞에서 연설하는 상황을 설정해 썼다. 성서와 그리스·로마의 고전을 소재로 하여 인간사회의 어리석음을 나타내고 풍자하는 내용이다. '웃음'을 기반으로 하여 당시의 권위적인 사람들(왕과 귀족, 성직자, 학자 등)을 철저히 비웃는다.

이러한 방식은 일반적으로 '권위를 향한 비판'으로 받아들여질 때가 많다. 그래서 교회에서는 금서로 취급되었다.

하지만 오로지 비판만이 목적이었다면 '웃음'은 필요하지 않았을 것이다.

오히려 비판을 하려면 분노가 적절하다. 그런데 『우신예찬』은 웃음이 밑바탕에 깔려있고, 사람들의 어리석은 행동을 흉보며 가볍게 꾸짖는다. 이 책은 비극이라기보다 희극(패러디)에 가까운 작품인 것이다.

하지만 사람들의 어리석은 행동을 폭로하는 것이 어떻게 희극이 될 수 있을까.

이는 일부 특권층 사람들만 어리석은 행동을 보이는 것이 아니라, 작가 자신을 포함해 모든 사람에게서 그러한 모습이 발견되는 까닭이다. 남의 어리석은 행동을 보여주고 웃는 동시에 자신에게서도 그 모습을 발견한다. 즉, 타인의 행동처럼 보인 어리석음이 실은 자신의 것임을 확인하고 웃을 수밖에 없는 것이다.

에라스무스의 철학에는 **'인간의 어리석음이야말로 본질이다'**라는 인식이 자리하고 있다. 따라서 다음과 같은 글을 읽을 때는 에라스무스가 기독교를 비판한다기보다, 기독교와 인간에 대한 깊은 통찰로 받아들여야 한다.

"이는 결국 모든 인간은 신앙이 두터운 사람일지언정 어리석다는 것을 의미합니다. 그리스도께서도 몸소 이러한 인간들의 어리석음과 광기를 구원하기 위해, 자신은 하나님의 지혜의 구현이었음에도 불구하고 '인간의 모습으로 나타나 주시기' 위해 인간의 본성 전체를 짊어짐으로써, 이른바 어리석음과 광기를 스스로 걸쳤던 것입니다."

---

POINT

**'어리석음이야말로 인간의 본질'이라는 관점에서 기독교와 인간을 깊이 통찰했다.**

CHAPTER

# 어떻게 하면
# 올바른 판단을 할 수 있을까?

'이성이란 무엇인가'를 알려주는 명저 10권

『수상록』미셸 드 몽테뉴

『신기관』프랜시스 베이컨

『리바이어던』토머스 홉스

『방법서설』르네 데카르트

『팡세』블레즈 파스칼

『에티카』바뤼흐 스피노자

『인간지성론』존 로크

『모나드론』고트프리트 라이프니츠

『인간 본성에 관한 논고』데이비드 흄

『사회계약론』장 자크 루소

## 미셸 드 몽테뉴

『수상록 1~6』, 하라 지로 옮김, 이와나미 문고.
『몽테뉴 수상록』, 민희식 옮김, 육문사.

모럴리스트의 제1인자 몽테뉴. 그는 세상에 선보인 수필에서 많은 부분을 신학자 레이몽 스봉을 변호하는 데 할애했다.

프랑스의 철학자이자 모럴리스트. 고전 명저인 『수상록』은 고전의 지식을 집대성한 책이자 예로부터 지식인의 교양서로서, 진리를 탐구하는 방법과 인간에 대한 깊은 성찰을 통해 데카르트, 파스칼 등 여러 철학자에게 영향을 주었다.

## '수필'이라는 문학 장르의 시작

르네상스는 14세기부터 16세기까지 전개된 유럽의 문화 운동으로 지역마다 그 모습은 조금씩 다르다. 하지만 '인간'을 중심에 놓고 날카롭게 통찰했다는 점은 모두 똑같다.

그중에서 프랑스를 대표하는 르네상스기의 철학자가 미셸 드 몽테뉴(Michel de Montaigne, 1533~1592)다. 그는 보르도 지방의 귀족이자 한때는 법관이었지만, 자리에서 물러난 뒤에는 자택에서 집필 활동에 전념했다.

그는 **프랑스가 뛰어든 2개의 전쟁(이탈리아 전쟁과 위그노 전쟁)을 경험하고 종교 전쟁의 비참함을 피부로 느끼면서, 마음의 평안을 추구하고 사색을 거듭했다.** 자신의 신조를 상징하는 **'자유와 평안과 휴식'**을 방 벽에 새기기도 했다.

몽테뉴는 일반적으로 프랑스 최초의 모럴리스트로 알려져 있다. '모럴리스트'라 함은 이른바 도덕가를 가리키는 것이 아니라, 오히려 인간의 모습을 섬세하게 관찰하고 가벼운 터치로 그리는 사람을 말한다. 몽테뉴 이후의 모럴리스트로는 파스칼이 있고, 그 밖에도 철학자는 아니지만 라 로슈푸코와 라 퐁텐도 모럴리스트로 통한다.

몽테뉴의 대표작인 『수상록』(1580)은 **수필(에세이)이라고 하는 문학적 장르를 개척한 획기적인 형식의 책**이다.

『수상록』의 원제는 'Les Essais'로, 본래 의미는 '시도'와 '기획'이다. 그 점을 의식하면서 몽테뉴는 다음과 같이 말하고 있다.

"판단력은 어떤 일에도 맞는 도구이고, 어떤 일에든지 관여한다. 따라서 지금 여기서 시도함에 있어 나는 어떤 기회든 이용한다. 전혀 알지 못하는 일일지라도, 나는 그것에 판단을 시도한다."

이처럼 인간에게 얽힌 다양한 사정을 관찰하고, 그로부터 판단을 시도하고 쓴 것이 『수상록』의 기본적인 특징이다. 1580년 초판 출간 이후 1588년에 출간된 증보 개정판에는 총 107개의 '수상록'이 수록되었다.


## 신학자 '스봉'을 변호

『수상록』은 제목부터 하나의 주제를 이야기하기보다 여러 생각을 모은 것처럼 보인다. 그래서 각각의 장은 재미있지만 전체적으로 무엇을 말하는지, 통일된 주장이 무엇인지는 좀처럼 이해하기 어렵다. 과연 『수상록』무엇을 겨냥한 책일까.

『수상록』에서 **'레이몽 스봉에 대한 변호'**라는 제목의 긴 글(2권 12장)이 있다. 『수상록』의 전체 7분의 1에 달하는 분량으로 몽테뉴가 가장 힘을 쏟은 부분임에 틀림없다.

따라서 『수상록』의 중심 주제를 이해하기 위해서는 무엇보다 이 장에 주목해야 한다. 참고로 스봉은 스페인 출신의 신학자로 『자연신학 또는 피조물의 책』을 썼다.

스봉은 이 책에서 인간의 이성에 따라 기독교의 진리를 증명하고자 했는데, 이 관점은 기존의 두 입장에서 비판을 받았다. 하나는 신앙지상주의 관점에서 신앙의 영역에 인간의 이성을 가져오는 것에 대한 비판이고, 또 하나는 반대로 이성주의 관점에서 신앙에 이성이 중요하다고 강조하는 비판이다. 스봉의 저작은 이러한 두 가지 측면에서 비판을 받았던 것이다.

## 회의론 '나는 무엇을 알고 있는가?'

이러한 비판에도 몽테뉴는 꾸준히 **이성주의 관점에 대한 재비판**을 펼쳤다.

### 몽테뉴의 '회의론'

A가 맞아

진짜로 A가 맞을까? B가 맞지는 않을까?

애초에 그 의심은 맞는 걸까?

어떤 사람 | 회의 | 몽테뉴 | 회의 | 몽테뉴

➡ '나는 무엇을 알고 있는가'를 철저하게 의심했다

그는 인간의 이성과 판단의 무력함을 역설하고 '회의론'을 주장했던 것이다.

몽테뉴는 모든 지식을 철저히 의심하고, 나아가 그 의심 자체도 의심한다. 이러한 철저한 회의 방침은 '나는 무엇을 알고 있는가'(Que sais-je?, 크세주)라는 표어가 되었다(프랑스에는 이를 모방한 크세주문고가 있다).

이러한 회의론이야말로 몽테뉴의 『수상록』을 이끄는 원동력이지만, 한편으로는 스봉을 변호하는 그의 의도와 배치되는 것이기도 했다. 이성을 의심하고 판단을 멈추면 스봉의 이성론적 관점이 위태로워지기 때문이다. 스봉은 이성을 통해 신앙을 강화하려고 했지만, 몽테뉴는 스봉을 변호하기 위해 이성에 회의를 표명했다.

스봉을 변호하려던 몽테뉴의 의도가 제대로 성공했는지 여부는 별도로 하고, 『수상록』의 전체적 관점은 **인간의 이성조차도 의심하는 철저한 회의주의**가 특징이라고 할 수 있다.

<br>

POINT

**몽테뉴는 인간의 이성과 판단을 철저히 의심하고, 그 의심조차도 의심했다.**

## 프랜시스 베이컨

『노붐 오르가눔 ─ 신기관』, 가쓰라 주이치 옮김, 이와나미문고.
『신기관』, 진석용 옮김, 한길사.

'실험적 철학의 아버지'로 알려진 베이컨은 이 책을 통해 아리스토텔레스를 대신하는 새로운 논리학을 내세우고 근대 과학의 길을 개척했다.

영국의 철학자이자 정치인. 아버지는 정치인 니콜라스 베이컨이다. 1582년에 변호사, 1584년에 하원의원이 되었다. 법무장관, 추밀원 고문관 등을 역임하지만 뇌물죄로 기소되어 귀족원과 사법계에서 추방당했다. 저서로는 『학문의 진보』, 『수필집』 등이 있다.

## 인간이 자연을 기술적으로 지배한다

르네상스에서 근대로 향하는 과도기에 새로운 사고의 방향성을 외친 사람이 영국의 철학자 프랜시스 베이컨(Francis Bacon, 1561~1626)이다. 아도르노와 호르크하이머는 『계몽의 변증법』에서 '베이컨은 수학 지식은 부족했지만, 이후의 학문이 나아갈 방향을 제대로 맞췄다'고 했다.

그렇다면 그가 주장한 사고의 방향성은 무엇이었을까.

베이컨의 말로 유명한 **'아는 것이 힘이다'**(Scientia est potentia)라는 문장이 있다. 하지만 이는 베이컨의 책이 아니라, 실제로는 토머스 홉스가 한 말이다. 베이컨의 문장은 정확히는 **'인간의 지식과 힘은 일치한다'**이다. 이는 인간이 자연을 기술적으로 지배한다는 근대 철학의 원점이기도 하다. 그래서 18세기 철학자 볼테르는 베이컨을 '**실험적 철학의 아버지**'라고 불렀다.

여담이지만, 베이컨이 활동한 시기가 셰익스피어와 겹쳐서 베이컨과 셰익스피어가 동일 인물이라는 설이 제기되기도 한다. 하지만 이에 대한 명백한 증거는 없다. 다만 두 사람이 같은 시대 인물인 점은 분명하다. 한쪽에 베이컨의 실험 철학이 있다면, 다른 한쪽에는 셰익스피어의 연극이 있다. **두 사람 모두 '인간'을 중심에 두고 근대로 향하고 있다.**

베이컨의 저작 가운데 영어로 쓴『수필집』과『학문의 진보』, 또는 유토피아를 다룬『새로운 아틀란티스』가 유명하다. 하지만 철학적 대표작으로는 라틴어로 쓴『신기관』(1620)이 꼽히며, 제목부터 남다른 기세가 느껴진다.

그렇다면『신기관』은 어떤 점에서 새롭고 획기적이었을까.

## 관찰과 실험을 중시하는 '귀납법'을 제창

우선 이 책의 제목은 아리스토텔레스의 논리학 저작인『기관』에 대해 학문 전체에서의 쇄신을 선언하고 있다. 즉, 베이컨의 저작은 아리스토텔레스의 『기관』을 대체할 '신(新)기관'이며, **새로운 논리학이 여기에서 시작된다**고 말한 것이다.

베이컨의『신기관』은 이러한 장대한 시도로서 구상되었다. 베이컨은『신기관』의 서문에서 그의 전체 학문 체계를 제시하고 이를 '대혁신'이라고 불렀다.

여기에서 베이컨의 '대혁신'을 상세히 설명할 수는 없지만, 베이컨 역시 구체적으로 나타낸 것은 아니다. 그의 '대혁신'은 어디까지나 예정표와 같은 것으로 생각하는 편이 좋다. 하지만『신기관』의 중요한 논점에 관해서는 짚고 가자.

하나는 **아리스토텔레스의 논리학을 대체하는 것으로서, 베이컨이 '귀납법'을 제창**했다는 점이다. 예를 들면 다음과 같이 말하고 있다.

"통상 논리학에서 그 노력은 대부분 삼단논법에만 쓰이고, 대다수 논리학자는 귀납법에 관해서는 깊이 생각하지 않고 가볍게 지나가며 토론의 공식에 분주하다."

'귀납법'은 관찰과 실험을 중시하는 근대 과학에서 대단히 유효한 방법이다. 개개의 구체적인 것에서 출발해 일반화하고 보편적인 법칙을 이끌어 내는 근대 과학의 기본적인 방침이다.

반면에 아리스토텔레스의 연역법은 베이컨에 따르면 '구체적인 경험을 무시하고, 원리원칙만으로 자연을 이해'하고자 했다. 아리스토텔레스의 논리학이 스콜라 철학·신학에 쓰이며 근대 과학과 대립했던 사실은 이미 잘 알려진 이야기이다.

## 베이컨의 귀납법

→ 관찰과 실험을 중시하는 귀납법은 근대 과학의 방법으로서 유효했다.

## 인간의 지성을 왜곡시키는 '이돌라'

주목할 또 하나의 논점은 베이컨의 **'이돌라론'**이다. '상'(像)을 뜻하는 말인 '이돌라'에 대해 베이컨은 '환상'이나 '편견'이라는 선입견으로 이해한다. 말하자면 '미신'처럼 인간의 지성을 왜곡시키는 상이 바로 '이돌라'인 것이다.

베이컨은 '이돌라'를 4개 즉 '종족의 이돌라', '동굴의 이돌라', '시장의 이돌라', '극장의 이돌라'로 나누어 설명한다.

여기서는 자세히 분석할 수 없지만, 베이컨이 **'이돌라'에서 해방되어 사물을 있는 그대로 볼 것**을 제안한다는 점은 알 수 있다. 이러한 생각은 근대 과학과 철학의 기본적 발상이 되었다.

---

**POINT**

**아리스토텔레스의 연역법에 맞서 베이컨은 귀납법을 주장하고 근대 과학의 초석을 쌓았다.**

## 토머스 홉스

『리바이어던 1~4』, 미즈타 히로시 옮김, 이와나미문고.
『리바이어던 1, 2』, 진석용 옮김, 나남.

청교도 혁명과 명예혁명으로 영국이 위기에 빠졌던 시대에 기계론적 유물론을
제창한 홉스는 이 책으로 근본적인 해결책을 제시했다.

영국의 철학자. 영국 국교회 목사의 차남으로 태어났다. 어린 시절
부터 라틴어와 그리스어를 배우고, 옥스퍼드대학에 입학했다. 『법의
원리』(1604년)로 의회파의 비난을 받고 파리로 망명했다. 파리에 체
류하던 중 『리바이어던』을 출판했다.

## 데카르트의 이원론에 대항

데카르트가 유럽에서 널리 알려지게 된 17세기, 데카르트보다 조금 연상인
철학자 토머스 홉스(Thomas Hobbes, 1588~1679)는 당시 모국인 영국을 떠나
프랑스로 망명했다.

　데카르트에 비해 늦게 사회적으로 주목을 받은 홉스는 데카르트와 전혀
다른 철학을 형성했다. 데카르트는 이원론을 주장하며 정신과 신체가 서로
다른 실체라고 생각했으나, 홉스는 오히려 기계론적 유물론을 형성하며 데
카르트에 대항했다.

　홉스의 철학은 다음과 같다.

- 인간의 지성은 신체기관의 운동이며, 정신의 기능은 물체와 다르지 않다. **(유물론)**

- 인간의 인식은 모두 감각적인 지각에 원천이 있고, 보편적 본질에 실재성은 없다.

  **(경험론과 유명론)**
- '자유 의지'와 같은 정신의 기능은 없으며, 그것은 물체의 운동과 같은 '욕구'와 다름없

  다. **(의지의 부정)**

이러한 생각을 형성한 홉스의 대표적인 저작이 『리바이어던』(1651)이다. 이 책은 그가 망명한 프랑스에서 집필되었으나 런던에서 출판되었다.

홉스가 활동했던 17세기는 '전쟁과 내란'의 시대라고 불린다. 실제로 '권리 청원'이나 청교도 혁명, 명예혁명 등이 일어나 사회에 다툼이 끊이지 않았다. 이러한 위기 상황에서 홉스는 원리적인 해결책을 제시하기 위해 『리바이어던』을 썼던 것이다.


## 지상의 신 '리바이어던'

『리바이어던』의 정식 제목은 『리바이어던, 혹은 교회 및 세속적 공동체의 질료와 형상 및 권력』이다. 여기에서 말하는 '리바이어던'은 구약성서에 등장하는 괴물(레비아탄)에서 유래한다. 이 괴물은 바다에서 제일 강력한 생물로 여겨졌고, 중세 이후에는 악마로 간주되었다.

그런데 홉스는 이것을 마치 인조인간처럼 묘사하고 **인간에게 평화와 방위를 보장하는 '지상의 신'**이라고 생각했다.

『리바이어던』은 ①**인간 본성론**, ②**자연 상태론**, ③**자연법론**, ④**국가론**의 순서로 구성되어 있다. 이 순서에 따라 간단하게 내용을 설명해보면 이렇다.


### ①인간 본성론

홉스는 '인간은 신에 의해 창조되었다'라는 발상에서 출발하지 않는다.

'자연은 심신의 모든 능력에서 평등하게 인간을 만들었다'라는 표현은 그의 유물론적 입장과 함께 근대적인 인간의 평등성을 명확하게 주장한다. **이처럼 평등하게 만들어진 인간들에 의해 어떻게 국가(공동체)가 형성되는가**, 이것이『리바이어던』의 화두였다.

### ②자연 상태론

인간이 지닌 심신의 능력이 평등하다면 어떻게 될까. 홉스의 독특한 시점은 '인간은 전쟁이라고 불리는 상태, 각자가 각자에 대한 전쟁 상태에 있다'라는 생각에 있다. 일반적으로 **'만인의 만인에 대한 투쟁'**이라고 표현하지만, 그는 이를 **인간의 '자연 상태'**라고 부른다. 이때 '자연 상태'라고 하는 이유는 인간 사이에 공통된 권력이 성립하지 않았기 때문이다.

### ③자연법론

하지만 '자연 상태'에서는 전쟁이 끊이질 않고, 안심하고 생활할 수도 없다. 그래서 각자가 평화롭게 안심하고 살아가기 위해 서로 동의할 수 있는 법을 만들 필요가 있다. 그것을 홉스는 **'자연법'**이라고 부른다. 여기에서 중요한 점은 자연법이 성립하려면, 각자가 만물에 대한 권리(Right)를 포기해야 한다는 점이다.

### ④국가론

이처럼 개인의 권리를 포기함으로써 국가가 가능해진다. 홉스는 **이 국가를 한 사람의 인격처럼 간주하여 '리바이어던'이라고 부른다.** 따라서 이 권력은 개인으로부터 독립한 절대적인 주권을 갖는 것이다.

『리바이어던』에는 대단히 어려운 문제가 설정되어 있기 때문에 예전부터 '홉스 문제'가 지적되었다. 홉스는 개인의 자유로운 행동에서 출발하여 '만인의 만인에 대한 투쟁'에 직면한다. 한편, 그 투쟁을 해결하기 위해 개인의 자유를 포기하고 강력한 국가 권력을 인정한다. 이로 인해 개인의 안전과 사회의 평화는 찾아올지 모르지만, 개인의 자유는 어떻게 되는 걸까.

**개인은 자신의 자유로울 권리를 양도함으로써 독재 국가를 형성할 것인가.** 이는 어떤 의미에서 근대 국가에 따라다니는 근본적인 문제라고 할 수 있다.

## 『리바이어던』의 흐름

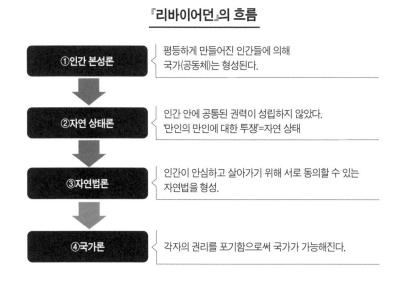

| | |
|---|---|
| ①인간 본성론 | 평등하게 만들어진 인간들에 의해 국가(공동체)는 형성된다. |
| ②자연 상태론 | 인간 안에 공통된 권력이 성립하지 않았다. '만인의 만인에 대한 투쟁'=자연 상태 |
| ③자연법론 | 인간이 안심하고 살아가기 위해 서로 동의할 수 있는 자연법을 형성. |
| ④국가론 | 각자의 권리를 포기함으로써 국가가 가능해진다. |

**POINT**

**개인이 자유를 포기함으로써 개인에게서 독립한 강력한 국가 권력이 탄생한다.**

『**방법서설**』 *Discours de la methode*　1637

## 르네 데카르트

『방법서설』, 다니가와 다카코 옮김, 이와나미문고.
『방법서설』, 이현복 옮김, 문예출판사.

'나는 생각한다, 고로 존재한다'라는 말로 유명한 데카르트는 모든 지식을 의심하고자 했다. 그 결과 '모든 학문의 기초'가 될 논리를 찾아냈다.

프랑스에서 태어나 예수회 계열의 라플레슈 학원에서 스콜라 철학과 수학을 공부하고, 포아티에 대학에서 법학과 의학을 배웠다. 유럽의 과학자들과 친분을 쌓으며 수학과 과학을 연구했다. 『방법서설』, 『철학원리』 등의 저작으로 근대 철학의 기초를 쌓았다.


## 다양한 학문의 '뿌리'를 세운 책

근대 철학을 개척한 철학자로는 르네 데카르트(René Descartes, 1596~1650)를 가장 먼저 꼽을 수 있을 것이다. '코기토'(나는 생각한다)의 확실성에서 출발해 이를 바탕으로 지식을 세우는 데카르트의 문제 설정은 종종 **근대주관주의**라고 불렸다.

젊은 시절부터 수학에 관심이 있던 데카르트가 해석기하학을 고안했던 일은 잘 알려져 있다. 하지만 데카르트는 무엇보다도 수학 지식의 명증성을 높이 평가했다. 그래서 그는 **수학과 같은 명증적 지식을 얻기 위해서는 어떻게 해야 하는지**를 처음부터 검토하고자 했다. 그 경위를 자전적 형태로 쓴 책이 『방법서설』(1637)이다.

현재 출판된 『방법서설』은 원래 이보다 두꺼운 원서의 앞부분에 불과하며, 원제는 다음과 같다. ― '이성을 잘 인도하고 여러 학문에서 진리를 찾기 위한 방법에 관한 서설 및 세 가지 논의(굴절광학·기상학·기하학)'

원제에서도 알 수 있듯이, 『방법서설』은 기하학을 포함한 세 가지 과학 논문의 서론적인 해설로서 출판되었다. 즉, 이 책이 **다양한 학문의 기초로서 평가되고 있는 점**에 주의해야 한다.

학문은 종종 나무에 비유된다. 예를 들면 멋진 줄기와 가지가 무성하려면 그 뿌리가 단단해야 한다. 데카르트는 여러 학문에서 이처럼 확실하고 튼튼한 뿌리를 세우기 위해 『방법서설』을 썼다고도 할 수 있다.

참고로 학문을 나무로 바라보는 관점에 맞서 현대 철학자 들뢰즈와 가타리는 '리좀'(Rhizome)을 내세웠다. 그들은 데카르트의 '나무(트리)'모델에 대항하는 형태로 책과 학문의 관계를 '뿌리줄기'의 이미지로서 이해한다.[4]

## 일부러 모든 것을 의심하는 '방법적 회의'

『방법서설』은 프랑스어로 쓰였고 자전적인 내용을 포함하고 있어 논문보다 가볍게 읽을 수 있다. 그에 비해 다소 무거운 내용인 『성찰』은 라틴어로 쓰여 학문적 엄밀성을 겨냥했다. 『방법서설』은 데카르트 철학 입문서로 가장 적합하고, 그의 사상적 발전을 구체적인 형태로 이해할 수 있다.

데카르트에 따르면, 이 책이 지향하는 바는 **"내가 어떤 방법으로 자신의 이성을 이끌고자 애써왔는지를 보여주는 것이다."** 이는 '개인이 이성을 좋

---

**4)** 근대성의 표상방식인 위계질서 중심의 '나무'형이 아닌, '뿌리줄기'처럼 보다 수평적 형태로 경계와 영역을 넘나드는 복합적이고 다양한 관계망을 일컫는다.

은 방향으로 인도하기 위해 취해야 할 방법을 알려주려는' 것이 아니다. 어디까지나 자신을 예로 들어 확실한 지식을 얻기 위해 어떻게 했는지 보여주려는 것이다.

그래서 **『방법서설』은 1인칭으로 쓰였고, 자전적인 내용**이다. 여기에서도 '코기토'(나는 생각한다)의 원칙은 관철된다.

자전에 따르면 데카르트는 '유럽에서 가장 유명한 학교'에서 배웠음에도 불구하고 '많은 의심과 오류에 괴로워'했다. 그래서 그는 큰 결심을 하고 모든 지식을 일단 의심해보기로 했다. 확실한 지식을 얻기 위해 일부러 모든 것을 의심한다는 의미에서 **'방법적 회의'**라고 했다.

## 확실한 지식 같은 건 아무것도 없다

그렇다면 방법적 회의는 구체적으로 어떻게 이루어질까. 핵심은 **'감각적 지식에 대한 회의'**와 **'이성적 지식에 대한 회의'**로 나뉘고, 2단계로 이루어진다는 점이다.

우선 '감각적 지식에 대한 회의'를 다뤄보자. 회의가 가능한 이유는 감각이 때에 따라서 착각처럼 사람을 속이기 때문이고, 또 감각적인 경험이 어쩌면 꿈일 수도 있기 때문이다. 그렇다면 감각적인 지식은 비록 생생하게 느낄지라도, 언제든지 의심할 수 있다.

다음으로 '이성적 지식에 대한 회의'를 살펴보자. 회의가 가능한 이유는 이성도 틀릴 때가 있기 때문이고, 한편으로는 악한 영혼을 상정한다면 사람을 언제나 틀리게 만들 수 있기 때문이다. 그렇다면 이성적 지식일지라도, 그것이 참인지 의심할 수 있다.

이처럼 감각적 지식이든 이성적 지식이든, 일단 회의를 통해 의심할 수 있다. 그렇다면 **확실한 지식 같은 건 아무것도 없는 것**이 아닐까. 데카르트의 방법적 회의는 최종적으로 여기까지 도달한다.

이때 데카르트가 내놓은 답은 '**나는 생각한다, 고로 존재한다**'였다. 비록 아무리 속았다 해도, 그렇게 생각하는 나는 존재한다. 이렇게 회의를 거듭한 끝에 하나의 답을 찾았던 것이다.

이 답은 언뜻 특별한 의미가 없어 보일 수도 있으나, 데카르트는 여기에서 '**모든 학문의 기초**'를 발견했다.

데카르트는 이 방식에 포함된 논리 구조를 바탕으로 학문을 구성해 나간다. 이처럼 '나는 생각한다'에서 출발하여 모든 지식을 이끌고자 했기에 **데카르트는 근대 철학의 출발점에 섰다**고 할 수 있다.

### 데카르트의 '방법적 회의'

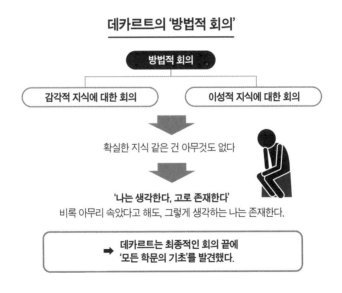

방법적 회의

감각적 지식에 대한 회의 　　　이성적 지식에 대한 회의

확실한 지식 같은 건 아무것도 없다

'나는 생각한다, 고로 존재한다'
비록 아무리 속았다고 해도, 그렇게 생각하는 나는 존재한다.

➡ 데카르트는 최종적인 회의 끝에 '모든 학문의 기초'를 발견했다.

POINT

모든 지식을 의심한 끝에 도달한 결론 '나는 생각한다, 고로 존재한다'

## 블레즈 파스칼

『팡세 상, 중, 하』, 시오카와 데쓰야 옮김, 이와나미문고.
『팡세』, 이환 옮김, 민음사.

'이성을 흔들림 없는 것'으로 보지 않았던 파스칼. 독특헌 시점에서 인간의 모습을
그린 이 책은 '생각하는 갈대'라는 표현으로 유명하다.

프랑스의 수학자이자 물리학자이며 철학자. 16세에 『원추곡선시론』
을 발표해 세상을 깜짝 놀라게 한다. '파스칼의 원리' 발견 등 과학 연
구에서도 업적을 쌓았다. 저작 『호교론』은 완성하지 못했지만, 남겨
진 준비 노트가 사후에 『팡세』로 출판되었다.

## 인간은 지극히 연약한 존재다

블레즈 파스칼(Blaise Pascal, 1623~1662)은 젊은 천재로서 대개 수학과 자연과
학 분야에서 잘 알려져 있다. 『팡세』(1670)는 그의 유고를 한 권에 모아 펴낸
책으로, 제목과 편집 모두 파스칼이 관여하지 않고 타인의 손을 거쳐 완성되
었다. 그래서 여러 편집 버전에 따라 책의 인상도 크게 달라진다.

　파스칼을 이해하려면 **몽테뉴와 데카르트, 두 명의 선구자들과 비교하는
것이 좋다.**

　몽테뉴는 파스칼보다 1세기 전의 철학자이자 모럴리스트로서 파스칼의
모델이었다. 실제로 파스칼은 몽테뉴의 『수상록』을 다양하게 인용한 뒤 수
정을 더하며 자신의 글을 써나갔다.

예를 들면『팡세』에는 **'생각하는 갈대'**라는 유명한 짧은 글이 있는데, 몽테뉴의『수상록』에도 비슷한 표현이 발견된다. 파스칼이『수상록』을 가까이에 두고 참고하며『팡세』를 쓴 것이 아니냐는 추측이 나오기도 한다.

한편 데카르트는 파스칼보다 서른 살 이상 많지만 수학과 과학에 재능을 보였다는 점에서 비슷하다. 그러나 파스칼은『팡세』에서 "나는 데카르트를 용서하지 않는다"라고 했다. 그 이유는 **신과 인간 이성에 대한 두 사람의 철학이 크게 달랐기 때문**이다.

데카르트에게 신은 인간의 이성으로 논증되는 존재였다. 그러나 파스칼은 신을 이성으로 논증할 수 없다고 생각했고, 이성 그 자체를 확고한 것으로도 보지 않았다. 이성을 포함해 인간이 얼마나 연약한지 파스칼은 자각하고 있었다.

이처럼 파스칼 특유의 관점에서 인간의 모습을 그린 것이 유고집『팡세』이다.

## 반드시 죽을 운명인 인간은 '사형수'와 마찬가지

『팡세』에는 유명한 구절이 많다. 예를 들면 '생각하는 갈대'나 '클레오파트라의 코'에 관해 한번쯤 들어봤을 것이다. 하지만 각각의 글이 아닌,『팡세』전체에서 말하고자 한 메시지는 무엇이었을까.

『팡세』를 집필했던 파스칼에게는 아마도 '신'과의 관계가 가장 중요한 문제였을 것이다. 하지만 오늘날의 관점에서 이 문제는 살짝 옆에 비켜놔도 될 것이다. 그보다 독자의 관점에서『팡세』의 의의가 어디에 있을지 생각해보자.『팡세』에서 파스칼은 **'인간의 연구'라는 시점**을 강조했다. 그에 따르면 인간은 자신에게서 눈을 돌리기 쉽기 때문에 인간의 연구는 순조롭지 못하다. 어째서일까.

인간은 자신을 바라보았을 때 그 비참함을 곧바로 마주하기 때문이다. 이 생각을 분명히 밝힌 것이 '**인간=사형수론**'이다.

파스칼에 따르면 인간은 언제 죽을지 알 수 없지만, 반드시 죽는다는 점에서 사형수나 마찬가지다. 사형수와 다른 점은 사형수는 그 사실을 자각하고 있지만, 보통의 인간은 오히려 눈을 돌리고 다른 일에 빠져 있다

놀고, 일하고, 사랑하고, 전쟁하는 것도 밑바탕은 모두 같다. '자신은 사형수'라는 사실로부터 눈을 돌리고 다른 일에 심취할 뿐이다. 이것을 파스칼은 '**인간의 비참함**'이라고 했다.

이러한 인간의 비참함에서 벗어날 방법은 무엇일까. 아마도 파스칼은 여기서부터 '신'을 향한 믿음으로 인도하고자 했을 것이다. 하지만 신을 상정하지 않는다면, 이 상황에서 벗어날 방법이 있을까.

이처럼 파스칼의 인간론과 함께 오늘날에도 통하는 파스칼의 철학을 소개한다. 파스칼은 '정의'가 시간과 장소를 넘어 보편적·불변적으로 성립하는지 묻는다. 그리고 다음과 같이 이야기한다.

**"강 하나로 갈리는 우스꽝스러운 정의여. 피레네 산맥 이쪽에서의 진리가 저쪽에서는 오류이다."**

오늘날에는 문화상대주의나 사회적 상대주의라고 불리지만, 파스칼은 진리와 정의의 상대성을 짧은 글로 선명하게 그렸다. 이렇게 생각하니 인간뿐만 아니라, 인간이 만든 사회 또한 얼마나 비참한가.

# '정의'는 보편적·불변적인가?

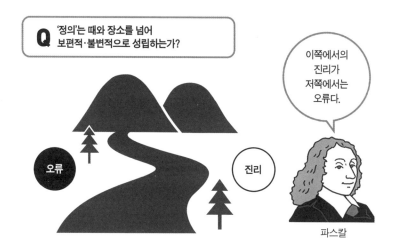

**Q** '정의'는 때와 장소를 넘어 보편적·불변적으로 성립하는가?

이쪽에서의 진리가 저쪽에서는 오류다.

오류

진리

파스칼

인간은 '자신이 사형수'라는 사실에서 눈을 돌리고 다른 일에 빠져 있다.

16 『**에티카**』 *Ethica* 1677

## 바뤼흐 스피노자

『에티카』, 구도 기사쿠 옮김, 추코클래식.
『에티카』, 강영계 옮김, 서광사.

반시대적 철학으로 여겨져 박해를 받았던 스피노자. 허지만 사후에 익명으로 출판한 이 책을 통해 후세 철학자에게 재평가되었다.

네덜란드의 철학자. 라틴어, 수학, 자연과학, 르네상스 이후의 새로운 철학에 정통했으며, 데카르트 철학에 영향을 받았다. 구약성서를 문헌학적으로 비판하여 위험인물로 여겨졌다. 피히테부터 헤겔에 이르는 독일 관념론 철학의 형성에 큰 역할을 했다.

## 몇 번이나 부활한 '죽은 개'

철학사에서는 생전의 평판과 후대의 평가가 완전히 뒤바뀌는 철학자가 적지 않다. 바뤼흐 스피노자(Baruch de Spinoza, 1632~1677)도 그중 하나다.

그는 네덜란드에서 태어나 죽었지만, 부모는 포르투갈에서 망명한 유대인이었다. 스피노자는 23세이던 해에 유대인 공동체에서 파문당하고 암살될 위험이 있어 거처를 옮겨 다니며 집필 활동을 계속했다.

**스피노자가 생전에 낸 책은 『데카르트의 철학원리』와 『신학·정치론』뿐이**다. 이 중 성서를 해석한 『신학·정치론』은 익명으로 출판했지만, 무신론을 주장한다고 여겨져 금서가 되어 박해받았다. 그래서 대표작인 『에티카』는 직접 발표하지 못하고, 그가 사망한 뒤인 1677년에 동료가 익명(이것도 유언)

으로 출판했다. 그만큼 **스피노자의 철학은 반시대적**이었다.

　이러한 사정 때문에 스피노자는 한때 '죽은 개'처럼 취급당했다. 하지만 독일 낭만파와 헤겔 등이 재평가하면서 '스피노자 르네상스'를 맞이했다. 이후 마르크스주의와 니체, 20세기에는 이탈리아 철학자 네그리와 프랑스의 들뢰즈도 스피노자 철학의 혁명적 의의를 강조했다. 스피노자는 '죽은 개'가 아니라 불사조처럼 몇 번이나 부활했다.

　특히 스피노자에 대한 들뢰즈의 해석은 오늘날에도 큰 영향을 주었다. 그는 **스피노자를 니체의 선구자로 평가하고, 도덕비판의 철학자로 이해**했던 것이다. 그런데 대표작 『에티카』를 번역하면 '윤리학'이다. 대체 '도덕비판'이란 무엇을 의미하는 것일까. 이제 『에티카』에 주목해보자.


## '윤리학'인데, 윤리적이지 않다!?

스피노자의 『에티카』는 언뜻 보면 기묘한 인상을 준다. **제목은 '윤리학'인데, 내용은 그다지 윤리적으로 보이지 않는 것**이다.

　책의 전체 구성은 제1부 '신에 관하여', 제2부 '정신의 본성과 기원에 관하여', 제3부 '감정의 기원과 본성에 관하여', 제4부 '인간의 예속 또는 감정의 힘에 관하여', 제5부 '지성의 능력 또는 자유에 관하여'로 이루어져 있다. 이 것들이 어떻게 '윤리학'이 되는 것일까.

　논술하는 방식 또한 '윤리학' 같지 않다. '에티카'라는 제목에 딸린 '기하학적 질서에 따라 증명된'이라는 부제가 나타내듯이 '정의'(定義)에서 시작되어 '공리'(公理)로 옮겨간 뒤 '정리'(定理)가 도출되는 것이다. 형식상으로는 '윤리학'보다 '기하학' 책에 가까운 느낌이다.

　물론 '기하학'처럼 논술을 증명해 나간다면 어느 정도 납득할 수도 있겠지만, 실제로 읽어보면 반드시 그렇지는 않다. 예를 들면 독일 철학자 라이프니츠는 이렇게 말한다.

"『에티카』에서 스피노자가 언제나 자신의 여러 명제를 충분히 증명하는 것은 아니다. 나는 이 점을 분명히 깨달았다. 논증의 엄밀함을 벗어났기 때문에 그는 때때로 추리의 오류를 저지른다."

따라서 기하학적 형식에 집착하면 『에티카』의 의의를 놓칠지도 모른다. 그보다도 오히려 스피노자가 다른 철학에 대해 무엇을 주장했는지 아는 것이 중요하다.

## '이원론'과 '일원론'

그중 하나로 **데카르트의 이원론에 대한 비판**이 있다.

데카르트는 정신과 물질을 다른 실체로 간주하여 이원론을 주장했다. 여기에서 실체라고 함은 '자신에 의해 존재하고, 그 존재를 위해 다른 것을 필요로 하지 않는 것'이다. 하지만 스피노자는 이것을 인정하지 않고, 실체는 오로지 신뿐이며 신이 유일한 실체라고 생각했다. 그래서 **스피노자의 철학을 '일원론'이라고 하며, 그 내용은 '범신론'이 된다.** 이렇게 생각하면 『에티카』가 왜 '신'에서 시작되는지 이해할 수 있지 않을까.

추가로 '윤리학'에 관련된 문제가 하나 더 있다.

일반적으로 '윤리학'의 주제는 '선과 악'의 문제이지만, 이는 인간으로부터 독립한 외재적인 규범으로 여겨질 때가 많다. 기독교의 '하나님'을 권위로서 내세우고 어떻게 복종하느냐가 마치 '윤리학'의 사명인 것처럼 이야기한다.

하지만 스피노자는 이러한 '선과 악'의 생각에 반대하며 '우리의 힘을 증대 내지는 감소하고, 촉진 혹은 저해하는 것을 선 또는 악'이라고 주장했다. 즉, **자신의 '힘'이 증대하고 그로 인해 '기쁨의 감정'을 만드는 것이 '선'**이며, 반대로 **자신의 '힘'이 감소하고 그로 인해 '슬픔의 감정'을 만드는 것이 '악'**이다.

『에티카』는 기존의 '윤리학'과는 달리, 인간의 능동성과 수동성에 근거해 '선과 악'을 이해했다.

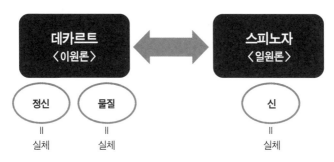

### 스피노자와 데카르트 비교

※**실체** = 자신에 의해 존재하고, 그 존재를 위해 다른 것을 필요로 하지 않는 것

➡ '범신론'을 주장하는 스피노자는 『에티카』를 '신'에 관한 철학에서 시작했다.

데카르트의 이원론에 맞서 스피노자는 '신이 유일한 실체'라는 일원론을 내세웠다.

# 존 로크

『인간지성론 1~4』, 오쓰키 하루히코 옮김, 이와나미문고.
『인간지성론 1, 2』, 정병훈 외 옮김, 한길사.

'영국 경험론'의 기원이 된 이 책을 통해 데카르트로 시작되는 '대륙합리론'과의 대립이 명확해졌다.

영국 출생. 옥스퍼드대학에서 수사학, 논리학 등을 배웠고 새로운 실험 과학이나 의학에 관심을 보였다. 샤프츠베리 백작의 비서로 일하던 로크는 백작이 자리에서 물러남에 따라 네덜란드로 망명, 명예혁명 후에 귀국한다. 저서로는 『통치론』, 『관용에 관한 편지』가 있다.

## 로크의 '경험주의'를 비판했던 라이프니츠

영국 경험론의 시조인 존 로크(John Locke, 1632~1704)는 이후의 철학에 커다란 영향을 주었는데, 그 영향은 광범위한 분야에 이른다. 예를 들면 정치에 관해서는 『통치론』을 써서 근대 민주주의 국가의 기초를 다졌다. 이 책이 미국의 독립혁명과 프랑스 혁명을 이끌었던 것이다.

그의 정치론 중에서 오늘날 리버럴리즘 논쟁에서도 종종 인용되는 것이 **'소유론'**이다. 이는 일반적으로 '신체소유론'이나 '노동소유론'으로 불린다.

간단히 말하면 **자신의 신체는 '자신의 것'이고, 자신의 신체를 써서 일하고 얻은 성과도 '자신의 것'이라는** 생각이다. 이러한 사상은 이후에 사람들을 오랫동안 지배했다. 오늘날 우리 역시 이를 지극히 당연하게 받아들인다.

게다가 로크의 '소유론'은 정반대편으로 보이는 철학에서도 기본적인 개념으로 파악되고 있다. 노동자에 대한 '착취'를 비판하는 마르크스주의조차 어떤 의미에서는 로크의 소유 개념에 근거를 두었다고 평가된다. '착취'는 '자신의 것'을 빼앗는 일이기 때문이다.

이러한 정치론과는 별도로, 그의 인식론은 사람들을 중세의 사고방식에서 해방하고 근대적인 사고로 패러다임 전환을 시도했다.

로크의 철학은 동시대 지식인들에게 선풍적인 반응을 불러일으킨다. 로크의 『인간지성론』(1689)을 프랑스어 번역본으로 읽은 라이프니츠는 그 중대성을 이해하고 전면적으로 비판한 **『인간지성신론』**(1704)을 썼다. 그는 로크의 문장을 조목조목 검토할 정도였다.

안타깝게도 로크가 라이프니츠의 비판을 직접 읽고 반박하는 일은 시간상 불가능했다. 하지만 두 천재의 논쟁은 역사적으로 중요한 의의를 지닌다.

플라톤에서 시작되는 '합리주의' 계보를 따르는 라이프니츠는 아리스토텔레스 계열에 속한 로크의 '경험주의'를 비판했다. 이 논쟁으로 인하여 **영국 경험론과 대륙합리론의 대립이 명확하게 정식화된 것**이다.

## 마음이란 '아무것도 쓰여 있지 않은 백지'

로크의 『인간지성론』은 일반적으로 영국 경험론의 기원으로 평가된다. 이는 버클리와 흄으로 이어지며, 데카르트로 시작되는 대륙합리론의 전통과 나란히 인식되고 있다. 로크는 경험론의 시조로서 무엇을 시작했을까. 크게 두 가지 논점과 관련되어 있다.

하나는 이른바 **'생득관념설' 문제**다. 플라톤에 따르면 인간은 사물의 본질을 이루는 '이데아'를 태어나기 전에 보았지만, 태어난 뒤 완전히 잊어버렸

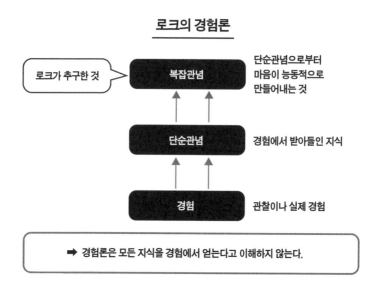

**로크의 경험론**

로크가 추구한 것 — 복잡관념 — 단순관념으로부터 마음이 능동적으로 만들어내는 것

단순관념 — 경험에서 받아들인 지식

경험 — 관찰이나 실제 경험

➡ 경험론은 모든 지식을 경험에서 얻는다고 이해하지 않는다.

다. 그래서 지식은 상기하는 것이지, 생소한 무언가를 새롭게 획득하는 것이 아니다. 반면에 로크는 **인간의 마음을 '아무것도 쓰여 있지 않은 백지'에 비유해 생득관념설을 부정했다.**

이는 이후에 '로크의 타불라 라사'(쓰여 있지 않은 서판)라는 용어가 되어 경험론의 슬로건으로 자리매김했다. 다만, 이 말은 로크 이전부터 쓰였고 그가 직접 한 말은 아니다. 하지만 생득관념을 부정하고 마음을 '백지'에 비유한 것은 획기적인 경험론 선언이라고 할 수 있다.

또 다른 논점은 **'관념'의 유래**에 관한 것이다. 로크에 따르면 '우리의 모든 지식은 경험을 바탕'으로 하고 '궁극적으로는 경험에서 유래'한다.

단, 경험에 유래하는 것은 '관념'인데, 이 관념은 어디까지나 '단순관념'이며 '복잡관념'은 아니라는 점을 주의해야 한다. 복잡관념은 오히려 단순관념을 받아들이고 마음이 능동적으로 만들어내는 것이다.

흔히 오해하기 쉽지만, 경험론은 모든 지식을 경험에서 얻는다고 이해하지 않는다. 따라서 로크의 경험론은 **단순관념의 경험론**'으로 부르는 편이 오해의 소지가 적을 것이다.

## 현대 '기호학'의 기원

『인간지성론』의 마지막 장에서 로크는 학문을 분류하는데, **기호학**'(semiotics)**이라는 학문을 도입**한 것에 주목해야 한다. 그는 모든 학문을 '자연학', '윤리학', '기호학'으로 나누었고, '기호학'은 '기호이론'이라고도 하며 마음과 말과 사물의 관계를 다룬다.

'기호학'이라고 하면 현대적인 학문 같지만, 그 기원은 로크에게 있는 것이다. 이 점도 반드시 기억해야 한다.

POINT

**플라톤에서 나온 생득관념을 부정하고, 마음을 '백지'로 비유함으로써 경험론을 확립했다.**

**18** 『모나드론』 *Monadenlehre* 1714

## 고트프리트 라이프니츠

『모나드론』, 고노 요이치 옮김, 이와나미문고.
『모나드론 외』, 배선복 옮김, 책세상.

미적분과 이진법 등을 만든 수학적 재능으로 잘 알려진 라이프니츠. 이 책은 그가 남긴 몇 안 되는 철학서로 대륙합리론의 한 축을 맡았다.

독일의 철학자이자 수학자. 라이프치히 출생. 역사학, 법학, 신학, 언어학 등 여러 방면에 업적을 남겼으며, 외교관, 실무가, 기술자로도 활약했다. 데카르트나 스피노자 등과 함께 근세 대륙합리주의를 대표하는 철학자이다.

## 수학 재능을 발휘한 철학자

유럽의 15~16세기는 '학예 부흥의 세기', 18세기는 '이성의 세기'라고 한다. 고트프리트 라이프니츠(Gottfried Wilhelm von Leibniz, 1646~1716)가 활약한 17세기는 **'천재의 세기'**로 불린다.

프랑스의 데카르트, 영국의 홉스와 로크, 독일의 라이프니츠와 같은 인물이 이 시기에 등장했다는 점에서 17세기는 천재들이 활약한 시대가 틀림없다.

오늘날에는 라이프니츠라고 하면 많은 사람이 미적분학을 떠올리거나 혹은 인공지능에 사용되는 이진법을 고안한 사람으로 떠올리기 쉽다. 또그가 발명한 자동계산기를 떠올릴 수도 있을 것이다. 라이프니츠는 이처럼 수학 재능을 발휘하는 한편, **법 실무가와 정치 고문으로서도 일하며 전 세계 정치인과 학자, 왕후 귀족들과도 교류**했다.

이러한 다채로운 활동에 비해 라이프니츠가 생전에 펴낸 철학서는 의외로 적다. 『변신론』(1710)이 유일하고 그마저도 익명으로 출판했다. 그 외에 로크의 『인간지성론』을 전면적으로 비판한 『인간지성신론』을 썼지만, 1704년에 로크가 사망했기 때문에 직접 내지는 못하고, 라이프니츠의 사망 이후 한참 뒤인 1765년에서야 마침내 출판되었다.

또한 『모나드론』(단자론)도 1714년에 원고를 완성했지만, 실제로 출판된 것은 사후인 1720년이었다. 그래서 철학자로서의 활동은 잘 알려지지 않은 편이다.

그런데 라이프니츠의 후계자로서 볼프가 이론 체계를 형성하자, 라이프니츠의 철학은 대륙합리론의 한 축으로 자리매김했다. 그 후 독일 철학에서 **칸트나 헤겔, 니체 등은 각각 라이프니츠의 철학과 대결함으로써 자신들의 철학을 세워갔다**고 할 수 있다.

나아가 20세기에는 분석 철학 연구자들이 라이프니츠의 논리 철학에 주목하여 그 영향은 오늘날까지 이르고 있다.

## 세계를 구성하는 궁극적인 요소 '모나드'

『모나드론』은 라이프니츠의 대표작으로 알려져 있는데, 분량은 매우 적다. 원문은 프랑스어로 쓰여 있고, 원래는 제목이 없었다. 그의 사후에 발표할 때 '모나드론'이라는 제목이 붙여졌다.

일반적으로 '모나드론'이라고 번역되지만 '모나드'라는 말은 라이프니츠의 조어이며, 그리스어에서 '하나'를 뜻하는 말 'monas'에서 유래했다. 라이프니츠는 세계를 구성하는 요소로서 '모나드'를 상정했던 것이다. 이전까지 궁극적인 요소로서 '원자'(아톰)를 이야기했지만, 라이프니츠는 그 개념을 비판하며 궁극적인 요소는 '모나드'라고 주장했다.

"지금부터 이야기하는 모나드란, 복합체를 만들고 있는 단일한 실체를 말한다. 단일은 부분이 없다는 것이다."

문제는 이러한 '모나드'를 어떻게 이해하느냐이다.

영국 철학자 러셀은 과거에 '모나드 이론'을 '동화'라고 말한 적이 있었다. 분명 '모나드 이론'은 어떤 의미에서 사고에 따라 구성된 것이어서 실증적으로 검증할 수는 없다. 라이프니츠는 사고의 원리로서 '모나드'를 생각하고, 그것으로부터 세계를 이해하고자 했다.

라이프니츠는 모나드를 특징지으면서 '표상'(perception)이라는 말로 설명한다. 단, 이것은 '의식'과는 구별되어 좀 더 원초적인 '욕구'라고도 말한다. 여기에서 알아야 할 것은 '모나드'는 동물도 해당하며 인간에게만 한정되지 않는다는 점이다. **'모나드=표상'이라는 점에서 인간도 동물도 그 '영혼'을 '모나드'라고 부른다.** 그리하여 라이프니츠의 '모나드론'은 아리스토텔레스의 『데 아니마』(마음에 관하여)와도 이어지고, 현대의 생물학·생리학·심리학의 관점에서도 읽을 수 있다.

'모나드 이론'에서 주목할 것은 라이프니츠가 **'퍼스펙티비즘'(원근법주의)**을 주장했다는 점이다. 퍼스펙티비즘은 니체가 강조하여 널리 알려졌지만 그 원천에는 『모나드론』이 있다.

"같은 마을에서도 다른 각도에서 바라보면 전혀 다른 마을로 보이니, 눈에 들어오는 그 수만큼 마을이 있는 것과 같다. 마찬가지로 단일한 실체의 무한한 수를 생각하면 그만큼 서로 다른 우주가 존재하는 것이 된다. 하지만 이는 단 하나뿐인 우주를 모나드가 저마다의 시점에서 바라보았을 때 만들어지는 다양한 조망이다."

이러한 논의는 오늘날에도 통하는 것으로서 라이프니츠 철학의 현대적인 유효성을 보여준다.

POINT

**세계가 보이는 법은 인식 주체의 관점에 따라 다르며, 절대적인 세계 인식은 불가능하다.**

# 데이비드 흄

『인간 본성에 관한 논고 1~3』, 기소 요시노부 외 옮김, 호세이대학출판국.
『인간 본성에 관한 논고 1~3』, 이준호 옮김, 서광사.

흄이 20대에 쓴 이 책은 '위험 서적'으로서 혹독한 비판을 받았다. 그 원인은 당시
최고의 가치로 여겼던 '이성'을 부정했기 때문이다.

스코틀랜드를 대표하는 철학자. 에든버러대학에서 공부하고, 철학
과 다양한 분야에서 집필 활동을 했으며, 프랑스대사의 비서로 일
했다. 루소와의 교류와 결별로도 유명하다. 저서로는 『인간 오성의
탐구』 『도덕의 원리에 관한 철학 논집』 『종교의 자연사』 등이 있다.

## '스코틀랜드 계몽주의'의 중심적 사상가

데이비드 흄(David Hume, 1711~1776)은 '근대 경제학의 아버지'라고 불리는
애덤 스미스와 동시대에 스코틀랜드에서 활동한 철학자이다. 그는 일반적
으로 **'영국 경험론의 완성자'**로서 경험론 철학을 끝까지 관철한 인물이다.
그래서 경험론의 문제점을 찾으려면 흄의 이론을 검토해야 한다.

흄의 시대를 이해하기 위해서는 두 인물과의 관계에 주목하는 것이 중
요하다. 한 사람은 물리학자인 뉴턴으로, 주요 저서 『자연철학의 수학적 원
리』(프린키피아)가 1687년에 출간되었다. 흄이 태어난 건 그보다 조금 이후
지만, 뉴턴이 자연과학에서 시도한 실험적 방법을 자신의 철학에 도입하고
자 했다.

또 한 사람은 프랑스 철학자 루소이다. 흄은 한때 프랑스에 머물던 시기에 루소를 만났다. 그는 당시 주위에서 괴짜 취급을 받던 루소의 재능을 높이 사서 영국에 데려갔다. 뉴턴과 루소 모두 흥미로운 조합으로, 둘 다 근대에 혁명을 일으킨 인물이다.

스코틀랜드 출신인 흄은 **'스코틀랜드 계몽주의'**(약 1740년부터 1790년 무렵)**의 중심 사상가**로 알려져 있다. 흄 이외에는 애덤 스미스, 프랜시스 허치슨, 애덤 퍼거슨, 제임스 데넘 스튜어트 등이 있다. 이들은 도덕 철학, 역사, 경제학에 관심을 보이고 각자의 영역에서 중요한 성과를 달성했다. 흄도 이들 분야에서 저작을 발표하였고 애덤 스미스는 흄을 두고 '인간에게 허락된 가장 완전하게 지혜로운 인물'이라고 극찬했다.

흄의 대표작이 바로 『인간 본성에 관한 논고』이다. 1739년에 제1권과 제2권이 출간되었고, 1740년에 제3권이 출간되었다. 이 책은 흄이 20대에 쓴 것이다.

하지만 흄이 스스로 '인쇄기에서 사산했다'라고 말하듯, 그의 책은 대부분 좋은 평가를 받지 못했다. 그래서 흄은 나중에 형식을 바꿔 이 철학에 관해 다시 쓰게 되었다.

## '과거의 데이터에 근거한 미래 예측'에 의문을 드러내다

『인간 본성에 관한 논고』는 익명으로 출판되었는데, 당시에는 흔했던 일이다. 저작이 세간에 외면당하기도 해서 흄은 스스로 '실패작'이라고 불렀다.

하지만 실제로는 무시는커녕 오히려 **거센 비판을 내몰려 '위험 서적' 취급을 받았다.** 익명이라고는 하지만 저자가 흄이라는 사실이 널리 알려지는 바람에 대학에서 일자리를 얻지 못했다.

어떤 의미에서 사회는 흄 철학의 잠재적인 혁명성을 예감했는지도 모른다. 실제로 지금은 『인간 본성에 관한 논고』를 고전으로서 평가하지만, 그 내용을 살펴보면 새로운 발상으로 넘쳐난다.

흄에 따르면 『인간 본성에 관한 논고』는 뉴턴의 성공을 따라 '인간의 본성'(자연 본성, Nature)을 내세웠다. 말하자면 뉴턴의 자연학에 어깨를 견줄 만한 '인간학'을 수립하고자 했다.

그런데 이러한 생각이 왜 위험 사상으로 여겨졌을까. 그 원인은 흄의 **반이성주의**에 있다. 당시의 상식은 '인간은 이성적 동물'이고 '이성'에 최고의 가치를 부여했다. 하지만 흄은 이 권위를 일격에 없애버렸던 것이다.

예를 들면 제1권 '지성에 관하여'에서는 인식론을 다루고, 귀납법을 문제 삼는다. 귀납법은 과거의 데이터에 근거하여 미래를 예측하는 것이다. 그러나 흄은 '과거가 그랬으니 앞으로도 그렇게 될 것'이라는 필연성에 의문을 제기했다. 이러한 필연성은 사실 과거의 습관으로 형성된 것이며, 기껏해야 '개연성'으로 말할 수 있다고 생각했다.

## 이성은 정념에 지배당한다

제2권 '정념에 관하여'에서는 인간의 행동에 관하여 이성과 정념의 관계를 검토했다. 그중에서 흄은 다음과 같이 말한다.

**"이성은 정념의 노예이고 그래야 하며, 이성은 정념을 섬기고 따르는 것 이상의 임무를 결코 요구할 수 없다."**

언뜻 보기엔 이성적인 행동일지라도, 사실은 정념에 지배되고 있다는 것이다.

마지막 제3권 '도덕에 관하여'에서도 흄은 반이성주의를 관철한다. 예를 들어 어떤 행위에 관하여 '선인지 악인지'를 판단할 때, 인간이 이성에 근거해 내리는지 되묻는다. 흄은 인간이 '감정과 마음'에 근거해 도덕 판단을 내린다고 말한다. **도덕 판단이 다른 이유는 이성에 따른 대립이 아니라, 감정과 정념의 차이에 불과하다**는 것이다.

그의 주장으로 그때까지 신봉되어 온 인간의 '이성'은 갈기갈기 찢겼다. 현대에는 흄의 주장이 문제없이 받아들여질 수 있지만, 그가 살던 시대에는 커다란 역풍을 불러일으켰다.

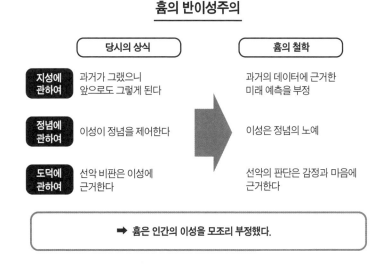

### 흄의 반이성주의

| | 당시의 상식 | 흄의 철학 |
|---|---|---|
| 지성에 관하여 | 과거가 그랬으니 앞으로도 그렇게 된다 | 과거의 데이터에 근거한 미래 예측을 부정 |
| 정념에 관하여 | 이성이 정념을 제어한다 | 이성은 정념의 노예 |
| 도덕에 관하여 | 선악 비판은 이성에 근거한다 | 선악의 판단은 감정과 마음에 근거한다 |

➡ 흄은 인간의 이성을 모조리 부정했다.

POINT

흄의 '반이성주의'는 '인간은 이성적 동물'이라는 당시의 상식을 부정했다.

## 장 자크 루소

『사회계약론』, 구와바라 다케오·마에카와 데이지로 옮김, 이와나미문고.
『사회계약론』, 김영욱 옮김, 후마니타스.

이 책은 민주주의의 선언서라는 평가를 받은 한편, '파시즘'의 선구 사상으로 비난을 받았다. 이 책과 루소의 이중성을 어떻게 이해해야 할까?

프랑스의 철학자. 스위스 제네바 출생. 16세에 가톨릭으로 개종. 아카데미 현상 논문으로 『학문예술론』이 당선되었다. 『인간불평등기원론』, 『사회계약론』을 통해 인민에게 주권이 있다고 주장한 그의 철학은 프랑스 혁명을 이끌었다.

## 루소의 다양성과 모순 가득한 인생

오늘날 누군가 '민주주의의 사상가로 누가 떠오르는가'를 물으면 아마 장 자크 루소(Jean Jacques Rousseau, 1712~1778)의 이름이 가장 먼저 언급될 것이다. **루소는 민주주의 선언서라고도 할 『사회계약론』(1762)을 발표하고, 프랑스 혁명에 커다란 영향을 주었다.** 프랑스의 인권 선언은 루소의 책이 없었다면 불가능했을 것이다.

사상가로서 루소의 특징을 살펴보면 한층 다양한 모습이 보인다. 『인간불평등기원론』(1755)을 비롯하여 『학문예술론』이나 『언어기원론』, 『에밀』과 같은 교육론도 썼다. 또한, 자전적인 『고백』이나 『신 엘로이즈』와 같은 문학 작품도 썼는가 하면, 음악가를 꿈꿨던 시기도 있어 〈주먹 쥐고 손을 펴서〉

라는 동요도 만들었다.

이처럼 **루소는 다방면에서 업적을 남겼기에 어느 하나로 한정하면 그의 사상을 제대로 파악하지 못한 것**이 된다.

게다가 인물 그 자체를 조명하면 루소의 특징은 한층 두드러진다. 예를 들면 루소는 15세 무렵에 떠돌아다니다가 어느 남작 부인의 보호를 받고 그 집에 머물다가 내연 관계가 되어 버렸다. 이후에도 루소의 여성 편력은 화려했고, 그 과정에서 태어난 5명의 자녀는 고아원으로 보내졌다. 교육론을 쓰는 한편 자녀를 버렸던 것이다. 그의 이중성을 어떻게 이해하면 좋을까.

루소의 사상을 이해하려면 그 내부의 다양성뿐만 아니라 표면상으로는 모순된 것처럼 보이는 부분을 꼼꼼히 풀어나가야 한다. 다양한 루소가 있고, 그 사이에는 쉽게 통일할 수 없는 강경한 대립이 놓여 있다.

이는 『사회계약론』을 읽을 때도 마찬가지다. 왜냐하면 **민주주의를 말하는 루소의 이론은 다른 관점에서 보면 독재주의 이론처럼 읽힐 수 있기 때문**이다.


## '자연 상태'와 '사회 상태'

『사회계약론』은 루소의 저서이지만 '사회 계약'에 관한 이론은 홉스와 로크도 주장했다. 중요한 것은 루소의 독자성을 이해하는 일이다.

보통 '사회 계약'을 생각하면 기본 개념으로서 '자연 상태'와 '사회 상태'를 구별한다. 문제는 그 내용이다.

예를 들면 홉스는 '자연 상태'를 '만인의 만인에 대한 투쟁 상태'로 간주한다. 이에 비해 루소는 『인간불평등기원론』에서 말하듯이 '자기애'와 함께 '불쌍히 여기는 마음'을 '자연 상태'라고 생각했다. **'연민'**이야말로 루소의 **'자연**

**상태**'인 것이다.

여기서 루소는 한 가지를 상정한다. "각 개인이 자연 상태에 머무르기 위해 쓰는 힘보다 자연 상태에서 인간의 자기 보존을 방해하는 장애가 우세해지는 시점까지 인간이 도달했다."

『인간불평등기원론』에서는 이를 **'전쟁 상태'**라고 말한다. 이 전쟁 상태를 극복하는 것이 사회 계약이다. 각 개인의 신체와 재산을 보호하고, 자연 상태처럼 자유롭게 있을 수 있는 형태를 유지하기 위해 **'사회 계약'**이 이루어진다.

이렇게 성립한 것이 **'사회 상태'**이다.

루소의 이론을 도식화하면 다음과 같이 될 것이다.

**① 자연 상태 → ② 전쟁 상태 → ③ 사회 계약 → ④ 사회 상태**

여기에서 주의해야 할 것은 최초의 '자연 상태'가 역사적 사실이라기보다 어디까지나 논리적인 가설로서 설정되어 있다는 점이다.

그래서 '자연 상태'에서 '전쟁 상태'로의 이동도 마찬가지로 '상정'된 것이다. 이 가설을 바탕으로 사회의 성립을 설명한 것이 루소가 말한 사회계약론의 본질이라고 할 수 있다.

## '일반 의지'가 우선된다

루소가 주장한 사회 계약론의 특징은 사회를 지탱하는 '일반 의지' 개념에 있다. 각 개인은 사회 계약을 통해 '신체와 모든 능력을 공동의 것으로서, 일반 의지의 최고 지휘하에 둔다'는 것이다. 일반 의지는 전체 의사의 총합인 '전체 의지'와는 구별된다. 루소는 '주권'을 '일반 의지의 행사'라고 생각했기 때문에 **일단 사회 계약이 성립하면 개인은 자신의 '특수 의지'보다 '일반 의지'**

## 루소의 '사회 계약'에 관한 사상

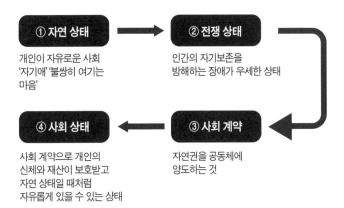

**① 자연 상태**

개인이 자유로운 사회 '자기애' '불쌍히 여기는 마음'

**② 전쟁 상태**

인간의 자기보존을 방해하는 장애가 우세한 상태

**④ 사회 상태**

사회 계약으로 개인의 신체와 재산이 보호받고 자연 상태일 때처럼 자유롭게 있을 수 있는 상태

**③ 사회 계약**

자연권을 공동체에 양도하는 것

**를 우선해야만 한다.**

20세기 철학자 칼 포퍼는 이를 '파시즘'의 선구 사상이라며 비난했다. 이러한 비판이 정당한지 아닌지는 별도로 하고, 루소의『사회계약론』을 생각할 때 '일반 의지'의 개념을 어떻게 이해하는지가 관건임은 분명하다.

---

**POINT**

**개인의 자유와 재산을 위한 사회 계약이 성립하면 '일반 의지'의 실현이 우선된다.**

# 03

**CHAPTER**

# 이 세상을
# 어떻게 살아야 할까?

'세계'와 '나'의 연결고리를 보여주는 명저 10권

『순수이성비판』임마누엘 칸트

『도덕과 입법의 원리서설』제러미 벤담

『정신현상학』게오르크 헤겔

『의지와 표상으로서의 세계』아르투어 쇼펜하우어

『기독교의 본질』루트비히 포이어바흐

『자유론』존 스튜어트 밀

『죽음에 이르는 병』쇠렌 키르케고르

『자본론』카를 마르크스

『차라투스트라는 이렇게 말했다』프리드리히 니체

『순수현상학과 현상학적 철학의 이념들』에드문트 후설

## 임마누엘 칸트

『순수이성비판 상, 하』, 이시카와 후미야스, 지쿠마쇼보.
『순수이성비판 1, 2』, 백종현 옮김, 아카넷.

이 책은 '비판주의'라는 방법을 통해 기존에 전개된 근대 철학을 완성하고, 근대 자연과학의 기초가 되는 방법을 제시했다.

독일 철학자. 『순수이성비판』, 『실천이성비판』, 『판단력비판』 이른바 3대 비판서를 발표했다. 비판 철학을 내세우며 인식론에서의 '코페르니쿠스적 전환'을 촉구했다. 피히테, 셸링, 헤겔로 이어지는 독일 관념론의 토대를 쌓았다.

## 경험론도 합리론도 아닌 '제3의 길'

근대 철학의 전개 과정은 영어권의 경험론과 대륙계의 합리론의 흐름으로 나누어 설명할 때가 많다. 이 두 가지를 통일한 것이 독일 임마누엘 칸트(Immanuel Kant, 1724~1804)의 철학이다. 이것은 단순 도식처럼 보이기는 해도, 커다란 흐름을 어느 정도 파악할 수 있다.

칸트는 이 도식을 설명하기 위해 자신의 일화도 동원한다. 예를 들면 칸트는 라이프니츠나 볼프가 주장한 합리론의 범위에서 문제를 생각했다. 그러나 **경험론자인 흄의 저작을 읽고 '독단의 잠에서 깨어날 수 있었다'**고 회상했다. 합리론의 발상은 경험의 범위를 뛰어넘을 때는 독단론이 되어버린다. 칸트는 경험론자인 흄에게서 이것을 배웠다.

한편 칸트는 인간의 감각적 경험만으로 학문에서 요구되는 필연적 인식은 성립하지 않는다고 보았다. 예를 들어 원인과 결과의 관계를 생각할 때, 감각적 경험만으로는 원인 다음에 결과가 일어난다는 사실에 대한 습관밖에 성립하지 않는다. 이 관계에 필연성을 부여하려면 어떠한 형태로 경험을 뛰어넘어야 하는 것이다.

그렇다면 합리주의적 독단론도, 경험론적 회의주의도 아닌, 제3의 길을 걷기 위해서는 어떻게 해야 할까.

칸트가 찾아낸 방법은 '**비판주의**'이다.

실제로 **칸트의 주요 저서는 3대 비판서 즉 『순수이성비판』, 『실천이성비판』, 『판단력비판』이며, 칸트 철학은 비판 철학으로 불린다.** 참고로 여기에서 '비판'은 '비난하다'라는 의미가 아니라 '분석하고 해명한다'라는 뜻이다.

칸트는 인간 이성의 세 영역, 구체적으로는 '지식'과 '도덕'과 '예술'에서 이성이 미치는 범위를 확정하고 그 의의와 한계를 그려냈다.

다만, 세 영역은 저마다 이성의 유효성이 다르므로 따로 논의해야 한다. 여기에서는 지식의 문제에서 비판주의가 어떻게 진행되는지 알아보고자 한다.

## 대상이 인식에 따르는 '구성주의'

칸트의 『순수이성비판』(1781)은 제1비판으로 불리며, 인간의 지식에서 이성과 경험이 어떻게 관계하는지를 비판주의에 근거해 밝힌다.

칸트에 따르면 **인간의 '인식은 경험과 함께 시작'된다.** 이는 칸트가 경험론을 받아들이고 있음을 보여준다. 그러나 또 한편으로 칸트는 '**모든 인식이 경험에서 생기는 것은 아니다**'라고 분명히 주장한다. 이처럼 칸트는 경험론

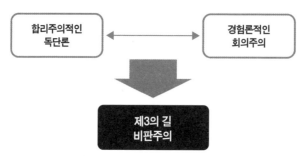

## 칸트의 비판 철학

합리주의적인
독단론

경험론적인
회의주의

제3의 길
비판주의

『순수이성비판』『실천이성비판』『판단력비판』

➡ 칸트는 인간 이성의 세 영역인 '지식', '도덕', '예술'을 분석하고 해명했다.

을 인정하면서도, 부족한 부분을 합리론으로 보완하고자 한다.

칸트는 이 두 가지를 '내용'과 '형식'이라는 말로 설명한다. 인간이 인식하는 '내용'은 경험에 의해 부여된다. 하지만 그 경험의 내용을 질서 있게 정리하고 조직하는 '형식'이 필요하다. 그 형식은 경험적인 것이 아니라, 경험에 앞선 것이다.

이러한 형식에 관하여 칸트는 2단계로 나누어 설명한다.

제1단계는 직관 형식이며, 시간과 공간이다. 다음 단계에서 오성 형식이 작동하는데, 이것은 아리스토텔레스 이후로 이어진 '범주'이다. 예를 들면 '질'과 '양', '관계'와 '양태'에 속하는 범주에 따라 인식이 구성되는 것이다.

칸트는 이러한 비판주의적 인식론을 설명하기 위해 **코페르니쿠스적 전환**'이라는 유명한 비유를 사용한다. 기존의 인식론에서는 인식이 대상을 따랐다. 반면에 칸트는 자신의 관점을 **대상이 인식을 따른다**'고 설명했다. 인간의 직관 형식과 범주를 통해 인식이 가능해지기 때문이다.

이러한 인식론은 당시 사람들에게는 선글라스를 쓰고 대상을 인식하는 것과 마찬가지로 여겨졌지만, 현대에는 **'구성주의'**라는 이름으로 불린다. 칸트에 따르면 대상은 인식에 의해 '구성'되기 때문이다.

칸트는 『순수이성비판』에서 직관 형식에 관한 '감성론'과 학문을 이야기하는 '방법론' 외에도 '분석론'과 '변증론'을 자세하게 서술한다.

특히 중요한 것은 '분석론'과 '변증론'의 차이이다. 칸트는 이것을 경험의 범위 안에 있는지, 또는 그 범위를 넘는지에 따라 나눴다. 이 두 가지는 '형이상학'의 이의성을 바탕으로 분류되었다.

'분석론'에서는 경험적으로 인식 가능한 세계가 직관 형식과 오성 형식에 따라 어떻게 가능한지 분석한다. 이것이 전통적인 '일반 형이상학'에 해당한다.

그에 비해 특수 형이상학에 속하는 신과 우주, 영혼에 관한 인식은 경험의 범위를 뛰어넘기 때문에 확실한 학문으로서는 성립하지 않는다. 칸트는 이를 **'신앙에 자리를 부여하기 위해 인식을 폐기'**해야 한다고 표현했다. 신앙으로서의 신학은 가능할지라도, 이성적 인식으로는 인정하지 않았던 것이다.

이러한 『순수이성비판』의 관점은 기존에 전개되었던 근대 철학을 완성하고, 근대적인 자연과학의 방법에서 기초를 다졌다.

POINT

**칸트는 '경험론'을 인정하면서도 부족한 부분을 '합리론'으로 보완하고자 했다.**

## 제러미 벤담

『세계의 명저49』 수록, 야마시타 시게카즈 옮김, 추코코론신샤.
『도덕과 입법의 원칙에 대한 서론』, 강준호 옮김, 아카넷.

때때로 공리주의는 '개인의 이익을 중시한 에고이즘 철학'이라는 오해를 받았다.
그러나 이 책이 말하고자 하는 것은 '에고이즘의 극복'이다.

영국의 철학자·경제학자·법학자. 최대 다수의 최대 행복이야말로
옳고 그름의 판단 기준이라고 주장하여 공리주의의 기초를 세웠다.
공리주의 이념은 인도의 영국동인도회사의 세력권에서 쓰였던 행정
법 체계에 상당한 영향을 미쳤다.

## 공리주의: 선악을 평가하는 객관적인 방법

공리주의는 예전부터 때때로 프래그머티즘[5]과 함께 오해를 받았다. 그래서
지금도 그다지 평판이 좋지 않지만 최근에 그 의미가 재해석되기 시작했다.
창시자인 제러미 벤담(Jeremy Bentham, 1748~1832)의 철학으로 거슬러 올라
가 공리주의의 가능성을 보기로 하자.

　벤담이 활동했던 시기는 영국에서 산업혁명이 시작된 18세기 후반이다.
이 시기에 프랑스는 절대왕정에서 프랑스혁명으로 나아가며 근대 사회의
기초를 세워가고 있었다.

---

5) 실제 경험의 결과로 진리를 판단하는 철학 사조로서 실용주의라고도 한다. — 옮긴이

그렇다면 근대 사회를 만들기 위해 어떤 원리를 바탕에 두면 좋을까. 벤담이 직면했던 것이 바로 이 문제였다. 벤담은 아버지와 마찬가지로 변호사 자격증을 취득해 변호사의 길을 걷고 있었다. 그러던 중 그는 당시 법조계에 강한 위기감과 법 제도에 위화감을 느낀다. 벤담이 보기에는 법과 사회가 가장 먼저 개혁되어야 했던 것이다.

이로써 그는 사회 개혁을 위한 도덕적 원리를 탐구하게 된다. **사회에서 '무엇이 올바른 행동인지', 또 '그 행위를 어떻게 평가할지'에 관하여 근본적으로 고민했다.**

그런데 선악에 관한 도덕적 원리는 기존에 객관적인 평가 방법이 없어 자의적으로 이루어졌다. 그래서 벤담은 객관적인 방법으로 도덕적 원리를 확정하기 위해 공리주의를 고안했다.

그가 이러한 사회 개혁 정책으로서 생각해낸 것이 **'파놉티콘'**이라는 감옥의 건축 양식이다. 파놉티콘은 미셸 푸코가 『감시와 처벌: 감옥의 탄생』에서 다루어 유명해졌는데, 벤담이 처음 고안했던 모델이다.

'파놉티콘'은 그의 공리주의 철학이 전형적으로 나타난다. 이 모델은 최소한의 감시자로 더 많은 죄수를 감시하는 시스템이 특징인 건축 양식이다. 중앙에 감시탑이 있고, 그 주위를 독방 형태의 감옥이 원형으로 둘러싼다. 하지만 벤담에 의해 파놉티콘 계획이 실현되는 일은 없었다.

## '공리성의 원리' 두 가지 포인트

벤담은 수많은 논문을 남겼지만 일본어로 번역된 것은 별로 없다. 주요 저서로 평가되는 『도덕과 입법의 원리서설』조차도 아직 완역본이 없다.[6]

6) 한국에는 완역본이 출간되어 있다. ― 옮긴이

이는 일본에서 벤담이 편향적으로 소개되었기 때문이다. 이전에는 '공리주의'라고 하면 개인의 이익을 중시한 에고이즘 철학으로 간주했다. 그런데 실제로는 **에고이즘의 극복을 추구한 것이 공리주의다.** 따라서 편견에 휘둘리지 말고 벤담의 저작을 이해해야 한다.

『도덕과 입법의 원리서설』은 프랑스 혁명이 일어나기 직전(1789년)에 출간되었다. 그러나 출간 직후 프랑스 혁명이 시작되었고 영국에서도 사람들의 관심이 혁명에 쏠려 그다지 주목을 받지 못했던 듯하다. 그러나 이 책은 시대를 근본적으로 전환하는 원리를 담고 있다. 그것이 바로 **'공리성의 원리'**다.

'공리성의 원리'란 벤담의 슬로건인 **'최대 다수의 최대 행복'**에 도달하는 개념이며 여기에는 두 개의 포인트가 존재한다. '선이냐 악이냐'를 '이익과 손실' 혹은 '쾌락과 고통'을 통해 이해한다는 것이다.

## 공리주의 사상을 보여주는 '파놉티콘'

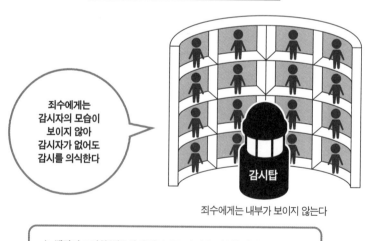

죄수에게는 감시자의 모습이 보이지 않아 감시자가 없어도 감시를 의식한다

감시탑

죄수에게는 내부가 보이지 않는다

➡ 벤담이 고안한 '최소한의 감시자로 더 많은 죄수를 감시하는 시스템'

기존 도덕에서는 선악을 이야기할 때 객관적으로 평가하는 기준이 없어 문제를 해결할 수 없었다. 이에 대해 벤담은 **이익과 손실 혹은 쾌락과 고통을 고찰(계산)하는 것을 통해 객관적인 평가법을 만들어냈다.** 쾌락과 이익을 만드는 것은 선하고, 고통을 주며 손실을 일으키는 것은 악하다고 보았다.

## 일부 이익이 있어도 전체적으로 손실을 내면 '악'

또 다른 포인트는 이러한 공리주의의 계산을 개인이 아니라 관련된 사람 전체의 관점에서 평가한다는 점이다.

비록 일부 사람에게 이익이 있더라도, 전체적으로 손실이 났다면 악한 것으로 판단한다. 이때, 개인은 평등하게 취급받고 공리 계산에서 특권적 위치는 인정하지 않는다. 벤담의 관점은 철저하게 쾌락과 고통을 계산하기 때문에 그에 해당하는 감각적인 존재자를 상정한다.

그래서 벤담은 공리 계산에서 인간과 동물의 차이도 인정하지 않았다. 이 때문에 **현대의 공리주의자들에는 동물 해방론자가 적지 않다.**

두 가지 논점에서 벤담이 내세운 '최대 다수의 최대 행복'은 관계자(동물도 포함하여) 전체의 이익을 촉진하기 위함이다. 따라서 **공리주의는 개인의 에고이즘과는 전혀 다르므로, 사회 전체의 이익을 추구하는 '공리주의'(公利主義)로 명명하는 것이 나을지도 모른다.**

POINT

**사회의 선악을 객관적으로 평가하기 위해 고안된 것이 '공리주의'다.**

## 게오르크 헤겔

『정신현상학 상, 하』, 구마노 스미히코, 지쿠마학예문고.
『정신현상학』, 임석진 옮김, 한길사.

'독일 관념론의 완성자'로 알려진 헤겔은 이 책을 통해 비참한 패전을 겪은 후진국 독일을 철학으로 새롭게 재건하고자 했다.

근대 독일을 대표하는 철학자. 정신의 발전 과정을 '의식의 경험의 학'으로서 탐구하고 그 논리를 밝힘으로써 독일 관념론을 완성했다는 평가를 받는다. 변증법 철학을 심화시켜 현대 사상에도 커다란 영향을 미쳤다. 예나대학, 베를린 대학에서 강의했다.

## 프랑스 혁명의 '자유'에 영향 받다

철학사에서 일반적으로 게오르크 헤겔(Georg Wilhelm Friedrich Hegel, 1770~1831)은 **칸트에서 시작된 독일 관념론을 완성한 철학자**로 불린다. 인간의 개인적인 의식보다 한층 거대한 '이성'과 '정신'의 개념을 강조하고, 이에 근거하여 자연과 역사를 설명했다.

　하지만 이러한 관념론은 종교적이고 신비한 분위기를 풍기는 것으로 받아들여져 마르크스나 키르케고르와 같은 후대 철학자들에게 혹독한 비판을 받는다. 그렇다면 오늘날 헤겔 철학은 어떤 의미가 있을까.

　헤겔 철학을 평가하기 전에 헤겔이 어떤 문제를 가졌고 또 해결하려 했는지 이해해야 한다. 그런데 이 문제가 상당히 어렵다. 왜냐하면 헤겔 철학은 시대 상황과 밀접한 연관을 지으며 형성되었기 때문이다.

혜겔은 자신의 시대를 개념적으로 파악하는 일이 철학의 과제라고 생각하고, **'미네르바의 부엉이(철학)는 다가오는 어둠(시대의 종말)과 함께 날아오른다'**라고 표현했다.

그렇다면 혜겔은 어떤 시대를 살았을까.

먼저 두 가지를 지적하고 싶다.

하나는 프랑스 혁명과의 관계이다. 혜겔은 대학 입학 직후 프랑스 혁명을 경험하고, 그 후에 나폴레옹 전쟁이 일어났을 때는 전쟁터를 피해 다니며『정신현상학』(1807)을 집필했다. 그래서 그는 프랑스 혁명이 내걸었던 '자유'의 사상에 영향을 받고 이후에 이어진 테러리즘에 대해서는 강하게 비판했다.

또 하나는 국가와의 관계이다. 당시 독일은 유럽에서 후진국이었고 근대적인 통일 국가가 형성되지 못한 상태였다. 그래서 프랑스와의 전쟁에서 비참하게 패배했던 것이다. 이에 혜겔은 독일이 국가적 통일을 확립하기 위해서 어떻게 해야 할지, 이론적으로 고민한 끝에『법철학』(1821)을 썼다.

이러한 역사적 상황 속에서 **혜겔은 철학을 통해 독일을 새롭게 재건하고자 했던 것**이다. 그 첫걸음이『정신현상학』이었다.

## '출판 과정'을 알면 이해가 깊어진다

『정신현상학』은 역사적으로 혜겔의 대표작으로서 평가된다. 하지만 출판 과정의 복잡한 뒷이야기도 있어 이해하기가 쉽지 않다. 따라서 먼저 이해의 전제로서 당시 학문에 대한 관점을 생각해 볼 필요가 있다.

혜겔은 예나대학의 정교수가 되기 위해 '논리학-자연철학-정신철학'으로 이루어진 '학(學)의 체계'를 책으로 낼 예정이었다. 이를 위한 준비로서

학의 체계에 앞선 예비적 학문을 집필하기로 했다. 이것이 『정신현상학』을 구상한 의도였다. 말하자면 **학문 이전의 일상적인 '의식'에서 학문의 관점(이를 '절대지'라고 한다)으로 이끄는 것이 『정신현상학』의 과제**였다.

이 과제를 수행하면서 헤겔은 자신이 사는 시대에 대한 굳은 확신이 있었다. 이 확신은 **그가 살아가는 시대가 그리스에서 시작된 역사의 정점에 서 있다**는 인식이다. 이것을 논증하기 위해 『정신현상학』은 역사의 전개 과정을 상세하게 기술했다. 게다가 헤겔은 프랑스 혁명 후 독일에서 역사가 완성된다고 생각했다.

헤겔은 이 역사적 성과를 밝혀 동시대 사람들에게 그 의의를 깨닫게 하려 했던 것이다.

개인적인 의식을 학문의 관점으로 이끄는 것, 또한 인류 전체의 역사적 전개를 깨닫는 것, 『정신현상학』에서는 이 두 가지를 함께 논의한다. 그래

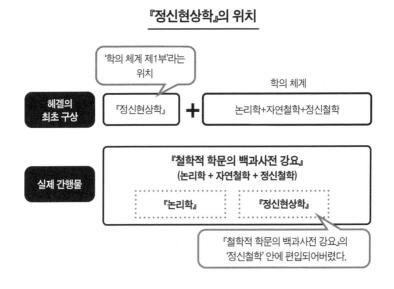

## 『정신현상학』의 위치

'학의 체계 제1부'라는 위치

학의 체계

**헤겔의 최초 구상** 　『정신현상학』 **+** 논리학+자연철학+정신철학

**실제 간행물**

**『철학적 학문의 백과사전 강요』**
**(논리학 + 자연철학 + 정신철학)**

『논리학』　　『정신현상학』

『철학적 학문의 백과사전 강요』의 '정신철학' 안에 편입되어버렸다.

서 논의가 뒤섞일 뿐만 아니라, 두 과제가 과연 통일할 수 있는가 하는 의문
도 생긴다.

## 『정신현상학』이 읽기 어려운 이유

『정신현상학』은 헤겔이 집필 과정에서 최초의 구상을 바꾸기도 했을 뿐더
러, 비슷한 역사가 여러 번 등장해 저작의 전체 구조를 파악하기가 어렵다.
헤겔도 이 점에 관해서는 『정신현상학』의 '구성상의 혼란'을 인정했다.

이러한 출판 과정 때문에 『정신현상학』은 명저 중에서도 특히 난해한 책
으로 꼽히는데, 이후의 경위는 사태를 더욱 복잡하게 했다.

헤겔은 '학의 체계 제1부'인 『정신현상학』을 출판한 뒤 『논리학』을 내고 대
학 강의용 텍스트로서 『철학적 학문의 백과사전 강요(논리학-자연철학-정
신철학)』를 출판했다. 이로써 일단 '학의 체계'가 모두 출간되었다. 그러자
이번에는 『정신현상학』의 위치가 애매해진 것이다.

**『정신현상학』의 일부가 『철학적 학문의 백과사전 강요』의 '정신철학'에 포
함되면서 『정신현상학』은 '학의 체계 제1부'라는 위치를 잃어버린다.** 젊은
헤겔이 구상한 『정신현상학』은 더욱 이해하기 어려워진 것이다.

여기에서 지적한 내용은 전체 중 극히 일부이지만, 『정신현상학』을 읽을
때는 이러한 배경을 염두에 두면 이해하기 수월하다.

> **POINT**
>
> **난해한 이 책을 이해하려면 '학의 체계 제1부'의 출판 과정을 아는 것이 중요하다.**

# 아르투어 쇼펜하우어

『의지와 표상으로서의 세계 Ⅰ~Ⅲ』, 니시오 간지 옮김, 추코클래식.
『의지와 표상으로서의 세계』, 홍성광 옮김, 을유문화사.

페시미즘(염세주의)을 내세우며 '인생은 불합리하고 고뇌로 가득 차 있다'라고 한 쇼펜하우어의 이 책은 젊은 시절의 니체에게 결정적인 영향을 미쳤다.

19세기 독일의 사상가. 아버지는 부유한 상인, 어머니는 작가였다. 『의지와 표상으로서의 세계』를 완성한 뒤 베를린대학의 강사 지위를 얻었지만, 헤겔의 인기에 밀려 자리에서 물러났다. 인생을 고통으로 보는 페시미즘은 일본에서도 다이쇼 시대[7] 이후 꾸준히 읽혔다.

## 헤겔과는 대조적인 '페시미즘'

과거 일본 학생들 사이에서 〈데칸쇼 가락〉[8]이라는 노래가 널리 불리던 시절, 아르투어 쇼펜하우어(Arthur Schopenhauer, 1788~1860)는 데카르트와 칸트와 어깨를 나란히 하는 철학자였다.

인생을 고민하는 청년들은 쇼펜하우어의 철학에 공감했을 것이다. 오늘날의 청년들에게 예전과 같은 인기는 없지만, '데카르트 → 칸트 → 쇼펜하우어'로 이어지는 흐름은 대부분 비슷하다.

독일 철학자 쇼펜하우어는 칸트 철학에서 큰 영향을 받았다. 반면 **그보다**

---

7) 일왕 요시히토의 재위기인 1912년 7월 30일부터 1926년 12월 25일까지의 시기. ─ 옮긴이
8) 데카르트, 칸트, 쇼펜하우어의 앞글자를 딴 이름의 노래. ─ 옮긴이

조금 연장자인 **헤겔에게는 강렬한 적대심을 품었다.** 헤겔 철학은 당시 베를린에서 번성하고 있었지만, 쇼펜하우어를 향한 평가는 그다지 좋지 않았다. 그래서 쇼펜하우어의 헤겔에 대한 비판은 점점 더 거세졌다.

헤겔과 쇼펜하우어의 대립은 단지 개인적인 것이 아니라, 근본적으로 세계관의 대립이라고 보아야 한다. 헤겔의 철학이 '옵티미즘'(낙천주의)인 데 비해 **쇼펜하우어는 '페시미즘'(비관주의, 염세주의)을 내세웠다.** 쇼펜하우어에게 인생은 불합리하고 고통으로 가득한 것이다. 이 고통에서 어떻게 해탈하는지가 그의 중요한 과제였다.

이러한 페시미즘의 발상은 **젊은 시절의 니체에게 결정적인 영향을 주어 『비극의 탄생』을 쓰는 계기가 되었다.** 하지만 나중에 니체는 쇼펜하우어를 강하게 비판했다. 그래도 쇼펜하우어의 책을 만난 것은 니체의 삶에서 결정적인 사건이었다. 그 책이 바로 『의지와 표상으로서의 세계』(1819)이다.

## 의지란 '자연 속의 모든 힘'

『의지와 표상으로서의 세계』는 전4권으로 이루어져 형식적으로는 무척 간결하다. 내용을 살펴보면 제1권이 인식론, 제2권이 자연철학, 제3권이 예술철학, 제4권이 윤리학을 다루고 있다. 전체 구성을 나타내면 다음과 같다.

제1권  표상으로서의 세계 제1고찰: **인식론**

제2권  의지로서의 세계 제1고찰: **자연철학**

제3권  표상으로서의 세계 제2고찰: **예술철학**

제4권  의지로서의 세계 제2고찰: **윤리학**

먼저 쇼펜하우어가 '세계'를 고찰하면서 왜 '의지와 표상'이라는 이분법을 택했는지 생각해보자. 이 분류 방법은 **칸트 철학의 '물자체와 표상' 구분에**

대응하고 있다. 즉, '표상으로서의 세계'가 현상이고, '의지로서의 세계'가 물자체에 대응한다. 따라서 제1권은 세계를 현상으로서 생각하고, 어떻게 이해하면 좋은지를 밝히고 있다.

다음으로 제2권에서 쇼펜하우어는 의지를 생각할 때 **인간의 '의지'에 한정하지 않았다.** 그 밖에 동물의 본능, 식물의 운동, 무기적 자연계의 모든 힘에서 맹목적으로 활동하는 것을 '의지'라고 부른다. 말하자면 쇼펜하우어는 '자연 속의 모든 힘'을 '의지'라고 명명했다.

그는 의지의 특징을 맹목적이고, 최종적인 목표를 갖지 않는다고 보았다. 이러한 의지의 모습을 밝히는 것이 제2권의 과제이다.

## 일반인은 천재의 눈을 빌려 '이데아'를 인식한다

제3권에서는 플라톤의 '이데아'에 관한 쇼펜하우어의 이해를 다룬다. 그에 따르면 플라톤의 이데아는 표상의 형식화에 있지만, 그 이데아를 인식하는 방법은 예술이며 예술을 행하는 사람은 천재이다. **보통 사람은 천재의 눈을 빌려 이데아를 인식한다는 것**이다. 쇼펜하우어는 이러한 관점에서 회화와 조각 등 조형 예술을 설명한다.

마지막 제4권에서는 '의지로서의 세계'를 고찰하는데, 여기서는 '살고자 하는 의지'와 특히 인간의 '생'의 의지를 어떻게 이해하면 좋은지 이야기한다. 쇼펜하우어에 따르면 '인생은 고통과 권태 사이를 오가고' 있다. 이 상태에서 어떻게 벗어날 수 있는지 인도 사상이나 불교, 기독교 등의 가르침을 확인하면서 되묻는 것이다.

**POINT**

**의지의 특징은 '맹목적이고, 최종적인 목표를 갖지 않는 것'**

## 루트비히 포이어바흐

『기독교의 본질 상, 하』, 후나야마 신이치 옮김, 이와나미문고.
『기독교의 본질』, 강대석 옮김, 한길사.

당시 명성이 높았던 헤겔을 비판한 포이어바흐의 책은 마르크스에게 압도적인
영향을 미쳐 철학 사상의 전환점을 만들어냈다.

독일의 철학자. 청년 헤겔파를 대표하는 인물이다. 헤겔 철학에서 출
발했으나 이후에 결별했다. 유물론적 입장에서 특히 당시 기독교를
강하게 비판했다. 현세의 행복을 설파하는 그의 사상은 마르크스에
게 지대한 영향을 주었다.

## '헤겔주의자'에서 '급진적인 비판자'로

루트비히 포이어바흐(Ludwig Feuerbach, 1804~1872)는 철학이 헤겔에서 마르
크스로 전환하는 데 결정적 역할을 한 인물이다. 그의 아버지는 저명한 법
학자였고, 형제들도 대부분 학자였다. 그 역시 대학의 연구자를 목표로 했
지만, 1830년에 발표한 논문으로 인해 영영 강단에 서지 못했다. **기독교를
강하게 비판하여 '위험인물'로 여겨졌던 것**이다.

포이어바흐는 원래 신학을 연구했지만 당시 번성하던 헤겔 철학을 접하
고 헤겔주의자가 되었다. 하지만 헤겔의 사후에는 헤겔 철학과 점차 거리
를 두고 독자적인 길을 걷기 시작했다. 그 무렵 독일에서는 헤겔파가 좌우
로 분열해 비판적이고 급진적인 청년 헤겔학파가 적극적으로 활동하고 있

었다. 포이어바흐는 1840년을 전후로 헤겔을 비판하는 책을 연달아 발표하여 청년 헤겔학파의 중심적 존재가 되었다.

**마르크스나 엥겔스도 한때 청년 헤겔학파에서 활동하며 포이어바흐에게 압도적인 영향을 받았다.** 젊은 마르크스의 저작에는 사상뿐만 아니라 표현법까지 포이어바흐를 답습한 부분이 있다. 하지만 마르크스와 엥겔스는 이후에 포이어바흐를 거세게 비판했다.

## 『기독교의 본질』은 세 가지 논점으로 집약할 수 있다

포이어바흐가 사상의 절정기에 발표했던 것이 『기독교의 본질』(1841)이다. 이 책의 주장은 기본적으로 다음의 세 가지 논점으로 집약할 수 있다.

**① 헤겔로 대표되는 사변적 관념론 비판**

**② 기독교 신학 비판**

**③ 현실적 인간학의 구축**

이 세 가지는 독립된 과제가 아니라 서로 밀접하게 연관되어 있다. 이 세 가지를 통해 포이어바흐의 철학을 이해해보자.

**① 헤겔로 대표되는 사변적 관념론 비판**에는 두 가지 포인트가 있다.

하나는 사변철학이 근본적으로는 기독교 신학이 형태를 달리한 것에 지나지 않는다는 점이다. 헤겔의 학설은 '신학의 합리적인 표현'이며 '신학의 마지막 은신처'인 것이다.

또 하나는 헤겔의 철학은 인간의 본질이 '소외된 형태'라는 점이다. 헤겔 철학은 '인간의 본질을 인간의 바깥'에 두고 '인간을 인간 자신으로부터 소외'시켰다.

**② 기독교 신학 비판**은 두 관점에서 이해할 수 있다.

첫째로 종교의 '신'이 바로 '인간 자신의 본질'이며, 종교적인 의식은 인간의 자기의식이라는 점이다. '신이 인간을 만든 것이 아니라, 인간이 신을 만들었다'라는 것이다. 다만, 여기에서 '인간'은 인간의 본질, 즉 '유(類)로서의 인간'을 의미한다.

둘째로 종교가 인간이 '소외된 형태'이며, 비판해야 한다는 점이다. 인간이 자신의 본질을 신에게 대상화할 때, 신은 풍요로워지는 데 비해 인간은 빈곤화한다. '신이 주체적·인간적일수록 인간은 그만큼 더욱더 자신의 주체성과 인간성을 방기'한다. 왜냐하면 신 자체는 인간의 본질이 소외된 것이기 때문이다.

헤겔 철학과 기독교 신학에 대한 비판은 ③ **현실적 인간학의 구축**으로 향한다.

헤겔 철학도 기독교 신학도 '인간의 본질'이 소외된 형태이지만, 이 소외를 극복하고 '인간의 본질'을 되찾으려면 어떻게 해야 할까. 이 과제에 답하는 것이 포이어바흐의 '인간학'이다. 그 밑바탕에는 '자연과 감정'이 있기 때문에 그의 인간학은 **자연주의** 혹은 **감성주의**라고도 불린다.

포이어바흐는 헤겔처럼 추상적인 사유 작용이 아닌, 자연에 근거한 현실적인 감성주의를 통해 소외 없는 '인간학'을 구축하고자 했다. 그가 구상한 '인간학'에 따르면 인간은 '유적(類的)존재'로서 홀로 존재하는 단독적인 인간이 아니다. '나'와 '너'의 구별을 인정하면서도 양자의 통일을 위해 '공동체'를 지향하는데, **그 원리는 '사랑'이며 '감각'**이다. 이처럼 사랑에 의한 유적 존재의 실현이라는 이상은 청년 마르크스의 사상(『경제학·철학 초고』)에도 결정적 영향을 미쳤다.

이로써 『기독교의 본질』은 **'종교의 내용과 대상이 철저하게 인간적이라는**

점, 신학의 비밀은 인간학이며, 신의 본질의 비밀은 인간의 본질이라는 점을 증명'하는 것이다.

POINT

'인간의 본질'을 되찾기 위해서는 '사랑'과 '감각'을 기본으로 한 인간학의 구축이 필요하다.

# 존 스튜어트 밀

『자유론』, 사이토 요시노리 옮김, 고분샤고전신역문고.
『자유론』, 서병훈 옮김, 책세상.

동서고금을 막론하고 '자유'는 다양하게 규정되어 왔다. 이 책에서 밀이 주장하는
'자유'는 현대인이 떠올리는 '자유' 개념의 기원이다.

19세기 영국을 대표하는 철학자·경제학자. 공리주의의 시조 벤담과
절친했던 아버지 제임스 밀에게 어린 시절부터 엄격한 교육을 받았
다. 학교 교육은 받지 않고 17세에 동인도회사에 취직했다. 전문적
으로 학문을 연구하지는 않았다.

## '만족한 바보보다 불만족한 소크라테스가 낫다'

'자유'라는 말은 아주 자연스럽게 쓰이고 있지만, 그 의미를 다시금 생각하
면 무척이나 복잡하다.

예를 들어 고대 그리스의 아리스토텔레스와 근대 독일의 칸트가 말하는
자유의 의미는 전혀 다르다. 또는 같은 시대를 산 칸트와 헤겔 역시 각자
다른 자유의 개념을 주장했다. 이처럼 아리스토텔레스와 칸트, 헤겔과도
다른 자유론을 펼친 사람이 영국의 철학자 존 스튜어트 밀(John Stuart Mill,
1806~1873)이다.

그는 저명한 공리주의자인 아버지 제임스 밀에게 영재 교육을 받았다. 그
리스어와 라틴어를 일찍이 배운 덕분에 **10세 무렵에는 플라톤과 아리스토**

**텔레스 저작을 원어로 읽었다**고 한다. 아버지로부터 수학과 논리학, 경제학과 역사를 배워 성년이 되었을 때는 폭넓은 교양을 갖추었다. 이러한 교육을 받은 밀은 여러 분야에서 학문적 업적을 남겼지만, 대학에서 전문적인 연구를 하지는 않았다.

그러면 이쯤에서 밀의 공적을 열거해보자.

정치철학 분야에서는 벤담의 공리주의를 근본적으로 수정했다. 벤담의 공리주의는 '최대 다수의 최대 행복'으로서 쾌락과 고통을 양적으로 규정했다. 그러나 밀은 '만족한 바보보다 불만족한 소크라테스가 낫다'라는 그의 말처럼 질적인 쾌락·고통이 중요하다고 주장하고 특히 정신적 쾌락을 중시했다.

밀은 논리학 분야에서도 뛰어난 업적을 남겼다. 그의 『논리학 체계』(1843)는 사회과학에서도 쓰이는 방법론을 내세워 높이 평가받았다. **'귀납의 다섯 가지 방법'**이라고 불리는 것으로, '귀납'은 다양한 사례에서 출발해 어떤 법칙이나 가설을 뽑아내는 방법으로서 학문뿐만 아니라 일반적인 사고에서도 널리 쓰이고 있다.

또한, 그는 『경제학 원리』(1848)를 발표하며 경제학 분야에서도 중요한 성과를 이루었다. 그의 경제학은 종종 '과도기 경제학'으로서 비판의 대상이 되었지만, **고전파 경제학을 따르면서도 그 문제점(빈곤과 격차)에 주목한 대단히 현대적인 경제학으로 볼 수도 있을 것**이다. 마르크스주의와 같은 혁명 노선이 아닌, 구체적인 사회 개량을 위해 이 책을 다시 읽을 필요가 있다.

## 칸트와는 다른 '자유'의 개념

밀의 수많은 저작 가운데 지금껏 널리 읽히는 것이 『자유론』(1859)이다. 자유는 동서고금을 막론하고 다양하게 규정되어 왔다. 하지만 현대인이 생각하는 자유는 밀이 규정한 것이라고 말해도 좋다.

예를 들어 칸트의 실천 철학에서는 욕망이나 감정 등(이를 칸트는 '경향성'이라고 불렀다)을 배제하고 이성과 법칙에 따르는 것을 자유라고 보았다. 하지만 칸트의 생각은 오늘날 현대인에게 '이성과 법에 얽매인 부자유'로 보일 것이다.

그에 비해 밀의 『자유론』은 현대인이 더 이해하기 쉽지 않을까. 예를 들면 일본에서는 **'타인에게 폐를 끼치지 않는다면 자유롭게 행동해도 된다'**라고 생각하고 실제로 자녀도 그렇게 교육한다. 이러한 자유에 대한 생각의 밑바탕에는 밀의 『자유론』이 있다. 그는 자유의 원리를 다음과 같이 설명했다.

"자유의 원리란, 인류가 그들 중 누군가 한 사람이 행동하는 자유에 개인적으로나 집단적으로 간섭하는 것이 오히려 정당한 근거를 지닐 수 있는 유

## 밀이 말하는 '자유'의 원리

| 칸트 | 밀 |
|---|---|
| 자유 | 자유 |
| 욕망과 감정 등을 배제하고 이성과 법칙에 따르는 것 | 타인에게 해악을 끼치지 않는 한, 자유롭게 행동해도 좋다 |

자신에게 끼칠 해악에 개입하는 것을 '온정주의'라고 한다

자기 해악 ⟷ 타자 해악

일한 목적은 자기 방위(self-protection)에 있다. 또한, 문명사회의 어느 구성원이건 그의 의지에 반하여 권력을 행사해도 정당하다고 여겨지는 유일한 목적은 타인에게 미칠 피해를 방지하는 데 있다."

## 자유가 없는 '온정주의'

밀의 자유론에는 **'해악의 원리'**가 밑바탕에 깔려있다. 이는 '타인에게 해악을 끼치지 않는 한, 자유롭게 행동해도 좋다'라고 정식화된다.

이 원리의 핵심은 해악을 '타자'와 '나'로 나눈다는 점이다. 밀이 보기에 타자에 대한 해악은 저지해야 하지만, 자신에 대한 해악은 저지할 필요가 없다. 누군가가 '나를 위해 안 된다'라며 나에게 끼칠 해악에 개입하는 것을 **'온정주의'**라고 한다.

'온정주의'는 부모와 같은 관점에서 자녀의 자유를 인정하지 않고 간섭을 한다고 하여 '가부장적 온정주의'라고도 번역한다.

**밀은 판단력이 있는 성인에게는 온정주의를 인정하지 않았다.** 비록 자기에게 해악을 끼친다고 해도 타자에게 해가 되지 않는 한, 그 사람의 자유를 빼앗을 수는 없다. 밀의 자유론은 판단력이 있는 성인에 대한 자유론이지만, 문제는 '판단력이 있는 성인'을 어떻게 이해하느냐이다.

---

**POINT**

오늘날 '타인에게 폐를 끼치지 않는다면 자유롭게 행동해도 된다'라는 '자유'의 개념은 밀에게서 나왔다.

## 쇠렌 키르케고르

『죽음에 이르는 병』, 사이토 신지 옮김, 이와나미문고.
『죽음에 이르는 병』, 이명곤 옮김, 세창출판사.

'실존주의'의 시조로 알려진 키르케고르는 기존의 '실존' 개념에 특별한 의미를 담았다. 그는 이 책에서 자신의 실존 철학을 마음껏 펼쳤다.

덴마크의 철학자. 당시 지배적이었던 기독교회의 형식성과 헤겔 및 헤겔학파의 철학을 비판하고, 개체로서의 인간의 생을 바탕으로 사고를 전개해 나갔다. 이러한 고찰은 하이데거를 비롯해 이후에 실존주의 철학자들에게 커다란 영향을 주었다.

## '실존' 개념을 인간에 한정

헤겔 철학은 19세기 중엽 독일에서 번성했으나 헤겔 사후 세 방향에서 비판이 나왔다.

마르크스의 공산주의, 쇼펜하우어의 페시미즘, 마지막으로 쇠렌 키르케고르(Sören Kierkegaard, 1813~1855)의 **'실존주의'**이다. 이러한 비판은 헤겔 이후의 철학으로서 20세기에 커다란 영향을 미쳤다.

키르케고르는 덴마크의 사상가이다. 당시 헤겔 철학은 덴마크에도 영향을 미쳤기 때문에 키르케고르도 예외 없이 젊은 시절에는 헤겔의 저작을 탐독했다.

그러나 아무리 헤겔의 방대한 체계를 이해한다 해도 '여기의 나'의 문제는 해결되지 않음을 깨닫는다. 키르케고르는『죽음에 이르는 병』(1849)에서, **헤겔은 화려한 궁전(이론 체계)을 지어놓고, 자신(그의 실존)이 사는 곳은 그 옆의 오두막이나 개집 정도라고 야유했다.**

키르케고르가 실존주의의 시조로 평가받는 까닭은 그가 '실존'이라는 개념에 특별한 의미를 닦았기 때문이다.

전통적으로 '실존'(existence)이라는 개념은 '본질'(essence)과 함께 사용되었다. 그에 따르면 실존은 '현실 존재'를 줄인 말로 '~가 있다'를 의미하는 개념이다. 그에 비해 본질은 '본질 존재'를 줄인 말로 '~이다'를 의미한다. 신의 존재가 문제가 되는 이유는 **신의 본질을 어떻게 규정하든지 '신이 있다'는 것 (현실 존재)은 증명할 수 없다**고 여겨졌기 때문이다.

이러한 전통적인 '실존'(현실 존재) 개념을 키르케고르는 지금까지와는 다른 형태로서 사용했다. 즉, 그는 '실존' 개념을 인간에 한정하고, 인간의 특별한 방식으로서 '실존'을 이야기했던 것이다.

다만, '실존' 개념은 비교적 알려지지 않은 그의 저작『철학적 단편에 부치는 비학문적인 해설』에서 언급되고, 대중적인 저작에는 등장하지 않기 때문에 주의해야 한다.

키르케고르는 다른 저작에서 인간의 정신이나 자기를 표현할 때 '실존' 규정과 같은 표현을 사용한다. 특히『죽음에 이르는 병』은 20세기 실존주의 철학자들에게 큰 영향을 주었으며, 이 책의 첫머리에 나오는 '인간의 정신'에 관한 규정이 키르케고르의 '실존' 개념이라고 보면 된다.

## 인간의 정신은 두 개로 구성된다

『죽음에 이르는 병』은 1849년에 키르케고르가 가명으로 출판한 책이다. 대표작인 이 책에서 그는 실존적 사상을 마음껏 펼쳤다. 키르케고르의 저작을 하나 읽는다면 일단 이 책을 선택하는 것이 좋다. 다만, 이 책은 본론을 시작하며 '실존'하는 인간의 모습을 설명하는 부분이 난해하기로 유명하다. 예를 들면 다음과 같다.

"인간은 정신이다. 그런데 정신이란 무엇인가. 정신은 자기다. 그런데 자기는 무엇인가. 자기는 하나의 관계, 자기 자신에게 관계하는 관계이다. 또는 그 관계에 있어 자기 자신에게 관계한다는 것이다. 자기는 관계 그 자체가 아니라, 관계가 자기 자신에게 관계한다는 것이다. 인간은 유한성과 무한성, 시간적인 것과 영원한 것, 자유와 필연의 총합, 요컨대 하나의 총합이다. 총합은 둘의 관계이다. 이처럼 생각했을 때, 인간은 아직 자기가 아니다."

몹시 복잡한 표현이지만, 다음의 두 가지를 확인해야 한다.

먼저 인간의 정신이 두 가지(예를 들면 유한성과 무한성)로 구성되어 있고

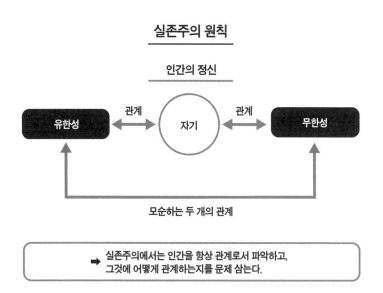

**실존주의 원칙**

인간의 정신

유한성 ←관계→ 자기 ←관계→ 무한성

모순하는 두 개의 관계

→ 실존주의에서는 인간을 항상 관계로서 파악하고,
그것에 어떻게 관계하는지를 문제 삼는다.

하나의 관계(총합)라는 것, 또 인간의 자기는 그러한 관계에 관계한다는 것이다.

## 인간은 대립을 통합할 수 없다

이처럼 **인간을 항상 관계로서 파악하고, 그것에 어떻게 관계하는지를 문제삼는 것이 실존주의 원칙**이다.

그래서 키르케고르는 '변증법'을 강조한다. 이는 헤겔처럼 대립을 하나로 통일하는(이것도 저것도) 변증법이 아니다. 오히려 **대립을 강조하고 하나로 통일하지 않은 채 둘을 계속 유지하는(이것이냐 저것이냐) 변증법**이다.

키르케고르에 따르면 대립을 하나로 통합하지 못한 채 안고 가야 하는 것에 인간이 실존하는 불행이 있다.

『죽음에 이르는 병』은 이러한 인간 존재의 실존적인 모습을 바탕으로 '절망'을 자기에 대한 관계성에서 분석한다. 이때, **하나로 융합할 수 없는 대립된 관계의 긴장**을 놓쳐선 안 된다. 여기에 바로 키르케고르의 실존주의의 의의가 있다.

> **POINT**
>
> 실존주의 원칙은 인간을 '관계'로서 파악하고, 거기에 어떻게 관계하는지를 문제삼는 것.

## 28 『자본론』 *Das Kapital* 1867

# 카를 마르크스

『자본론 1~9』, 엥겔스 엮음, 사키사카 이쓰로 옮김, 이와나미문고.
『자본론 1~3』, 김수행 옮김, 비봉출판사.

자본가와 노동자의 격차가 확대되었던 19세기 후반, 마르크스는 자본주의 사회
를 구조적으로 분석하고 경제·사회 문제를 해결하고자 했다.

독일의 철학자이자 경제학자. 과학적 사회주의(마르크스주의)를 주
장하고, 자본주의가 발전함에 따라 사회주의·공산주의 사회가 도래
한다는 필연성을 설파했다. 『자본론』의 이론을 토대로 한 경제학 체
계를 마르크스 경제학이라고 하며 여러 방면에 영향을 주었다.

## 후세의 철학에 영향을 미친 '유물사관'

누구나 다 아는 사회주의·공산주의 사상의 창시자인 카를 마르크스(Karl
Marx, 1818~1883)는 젊은 시절에는 헤겔 철학에 빠져 포이어바흐 등이 이끄
는 헤겔좌파(청년 헤겔학파)의 관점에서 새로운 사회사상을 펼쳤다.

그는 처음에 대학의 연구자를 지망했지만, 머지않아 독일에서 어쩔 수 없
이 영국으로 망명하고 생의 대부분을 그곳에서 활동했다.

청년 헤겔학파의 철학을 따르던 마르크스는 동료인 프리드리히 엥겔스
와 함께 쓴 『독일 이데올로기』(1845)에서 그때까지의 '철학적 의식'을 청산했
다고 말한다.

그는 이후 경제학 연구에 몰두하여 자본주의 사회를 구조적으로 분석하

고 그 역사적 전망을 이야기했다. 그 성과가 바로 『자본론』(1867)이다.

『자본론』은 자본주의 사회를 경제학적으로 분석한 책이다. 하지만 이 책이 **마르크스의 독자적인 철학에 바탕을 두고 전개되는 점**을 기억해야 한다.

예를 들면 『자본론』의 최초 구상인 『경제학 비판』 서문에서 '**유물사관**'이 정식화되었다. 유물사관은 인식론이나 존재론의 관점에서 지금까지 수차례 논의되었고, 여기에 바탕을 둔 철학적 유파도 형성되었다. 사르트르의 실존주의, 레비스트로스의 구조주의, 하버마스의 의사소통행위론도 마르크스의 '유물사관'에 대응하는 관점에서 형성되었던 것이다.

'상품' 분석으로 시작되는 『자본론』의 첫머리 부분을 살펴보자. 마르크스는 경제학자의 이론과 함께 헤겔이나 아리스토텔레스의 이론을 다소 조롱 섞인 투로 설명한 것으로 유명하다. 실제로 '상품의 페티시적 성격과 그 비밀'이라는 제목의 장에서는 다음과 같이 쓰여 있다.

"상품은 언뜻 보면 당연하게 흔한 물건이지만, 상품을 분석하면 그것은 형이상학적인 정교함과 신학적인 까다로움으로 가득 찬 몹시 번거로운 것임을 알 수 있다."

위 문장에서도 추측할 수 있듯이 근대 사회를 경제학적으로 분석한 『자본론』에는 마르크스의 독자적인 철학이 담겨 있다. 따라서 『자본론』은 철학적 관점에서도 읽을 필요가 있다.

## 핵심은 마르크스 혼자서 집필한 제1권

『자본론』을 철학적으로 이해하려면 다양한 관점으로 접근할 수 있다. 예를 들어 그 방법론을 생각할 때는 '제2판 후기'에서 헤겔의 '변증법'을 언급하며, 상향법·하강법에 관해 이야기한다. 이는 플라톤의 '디아렉티케'(문답법·변증법)와도 관련이 있고, 지금까지 이 관점에서 종종 논의되어 왔다.

앞서 말했듯이 『경제학 비판』에서 표명한 '유물사관'은 역사론이나 인식론, 인간 존재론으로서 다면적으로 해석할 수 있다. 실제로 이 문제에 관하여 지금까지 많은 연구가 이루어졌다. 하지만 여기에서는 『자본론』의 내용 자체에 집중해 그 철학적 의미를 생각해보자.

『자본론』은 전체 3권으로 이루어진 대작이다. 하지만 이 중 마르크스가 직접 출판한 것은 제1권뿐이고, 나머지는 마르크스의 사후에 엥겔스가 편집하고 출판한 것이다.

따라서 『자본론』의 전체 구상을 알기 위해서는 전체 3권을 모두 살펴봐야 하지만, **마르크스가 제1권을 냈을 때 어떤 비전이 있었는지는 아주 중요한 문제**이다.

## 자본주의 종말과 그 후의 사회

이제 마르크스가 『자본론』을 썼을 때, 자본주의의 종말을 어떻게 상상했는지 확인해보자.

『자본론』은 한편에서는 자본주의 사회를 객관적으로 냉철하게 밝히고자 한다. 마르크스는 자본주의 사회가 그 내부에 모순을 안고 '철의 필연성에 의해' 스스로 무너진다는 것을 논증하려고 했다.

그러나 다른 한편으로 『자본론』은 실천적인 전망으로서 **노동자에 의한 혁명적인 전망을 이야기한다.** 그것이 『자본론』 제1권의 끝부분(제24장 제7절)에서 말하는 '자본축적의 역사적 경향'이다.

이 부분에서 마르크스는 자본주의 이전과 이후에 걸쳐 짧지만 분명한 구도를 제시한다. 조금 길지만 기본적인 부분이니 짚고 가자.

"자본제적 사적 소유의 종말을 고하는 종이 울린다. 수탈자들의 사유재산이 박탈당한다. 자본제적 생산 양식에서 생겨난 자본제적 사유화의 형식인 자본제적 사적 소유는 자기 자신의 노동에 따른 그때까지의 개인적인 사적 소유에 대한 최초의 부정이다. 하지만 자본제적 생산은 자연 과정과 같은 필연성에 의해 자기 자신의 부정을 만들어낸다. 이것은 부정의 부정이다. 이 부정은 사적 소유를 다시 일으키지는 않지만, 자본제적 시대의 성과를 기반으로써 개인적 소유를 만들어낸다. 즉, 협동 작업과 토지의 공동 소유, 또 노동으로 생겨난 생산 수단의 공동 소유에 의해 개인적 소유를 만들어낸다."

이것은 **마르크스의 미래사회론이며, 일반적으로는 사회주의나 공산주의로 불린다.** 뜻밖에도 마르크스는 자본주의를 대신할 미래 사회를 자세히 설명하지는 않는다.

## 자본주의 이전과 이후에 걸친 구도

제1의 부정

자본주의 이전의 사회 — 자기 자신의 노동에 따른 개인적인 사적 소유 [개인적 소유·사적 소유]

자본제적 생산 양식 — 자본제적 사유화 형식, 자본제적 사적 소유 [자본제적 소유·사적 소유]

제2의 부정

자본주의 이후의 사회 — 협동 작업, 토지의 공동 소유, 생산 수단의 공동 소유에 바탕을 둔 개인적인 소유 [개인적 소유·공동 소유]

'자본주의를 부정하고 어떠한 사회가 완성되는가'라는 이 중대한 문제가 여기에 응축되어 있다. 이것을 명확히 이해하기 위해 표로 나타내보자(124 쪽 그림 참조).

　『자본론』에서 마르크스가 상정한 미래 사회는 **토지나 생산 수단의 공동 소유를 바탕에 둔 '개인적 소유'**인데, 구체적으로 어떤 사회를 떠올렸을까. 다시금 마르크스의 사상에 주목할 필요가 있다.

**POINT**

**자본주의 이후 세계에 관하여 사회주의(공산주의)를 떠올리는 미래 사회를 그렸다.**

# 프리드리히 니체

『차라투스트라는 이렇게 말했다』, 데즈카 도미오 옮김, 추코문고.
『차라투스트라는 이렇게 말했다』, 장희창 옮김, 민음사.

---

파란만장한 인생을 산 니체가 소설 형식으로 쓴 이 책에는 많은 '수수께끼'가 있다. '수수께끼'를 풀면서 읽는 것도 이 책을 즐기는 방법이다.

독일의 사상가. 24세에 바젤대학 교수가 되지만, 첫 저작인 『비극의 탄생』이 학계에서 반발을 사고 사실상 아카데미즘으로부터 추방되었다. 근대 시민사회, 기독교 도덕, 서양 형이상학 등을 과격하게 비판했다. 만년에는 정신 착란에 빠져 사망했다.

## 10년마다 찾아온 인생의 전환기

19세기가 끝을 향해갈 무렵, 독일의 철학자 프리드리히 니체(Friedrich Nietzsche, 1844~1900)는 **'앞으로의 2세기는 니힐리즘의 시대'**라고 예언했다. 오늘날 이 예언은 적중하여 그의 말이 옳았음을 더욱 실감하게 된다.

'니힐리즘'이란 라틴어의 '니힐'(아무것도 없는: nothing)에서 나온 말로, **절대적인 가치나 진리가 소멸한 것**을 말한다. 우리는 다양한 상황에서의 최종적인 판단 기준에 점점 자신을 잃고 있다. 니체는 이러한 상대주의(인간의 인식이나 평가를 모두 상대적인 것으로 보고 진리의 절대적 타당성을 인정하지 않는 관점)가 만연하는 상황을 예언했던 것이다.

니체는 인물 그 자체도 흥미롭고 극적인 삶을 산 철학자다. 그는 24세의 젊은 나이에 박사 학위도 교원 자격도 없이 은사의 추천을 받아 바젤 대학 정교수에 발탁된다. 그러나 3년 뒤 첫 저작인『비극의 탄생』을 쓰고 은사에게 헌정하였다가 학계의 혹평을 받고 전문 분야인 고전문헌학계에서 쫓겨난다. 이후 그의 삶에는 10년마다 커다란 전환기가 찾아왔다.

니체는 대학에 부임한 지 10년 뒤인 1879년 대학을 관두고 연금 생활을 시작했다. 이후에는 여름과 겨울에 거주지를 옮겨 다니며 떠도는 생활을 한다. 이로부터 광기에 이르기까지의 10년은 니체에게는 사상적으로 대단히 생산적인 시대였다. 대표작인『차라투스트라는 이렇게 말했다』(1885)와『권력에의 의지』라는 유고를 쓴 것도 이 시기였다.

그러나 1889년 **니체는 이탈리아 토리노의 광장에서 정신 착란에 빠진 뒤 약 10년간 광기에 시달리며 헤매다가 1900년에 타계했다.**

장렬한 삶을 살다간 니체의 철학은 어떤 것이었을까. 여기에서는 대표작인『차라투스트라는 이렇게 말했다』에 나타난 그의 생각을 알아보기로 하자.

## 인간은 '초인'으로 향한다

니체의『차라투스트라는 이렇게 말했다』는 제목만 들어도 알 만큼 유명하지만, 이해하기가 매우 어렵다. 우선 책의 형식부터 이것이 철학책인지 아닌지 아마 헷갈릴 것이다. 차라투스트라라는 인물(역사적으로는 조로아스터교의 교조)의 말과 행동을 쓴 내용이지만, 언뜻 보았을 때 **소설이나 각본과 같은 인상을 준다.**

뱀이나 독수리 같은 동물이 등장하기도 하고, 태양과 같은 자연에 말을 걸기도 하며, 곳곳에서 비유가 쓰였다. 게다가 각각의 형상이 무엇을 의미하는지는 거의 분명하지 않다. 마치 시를 읽는 것처럼 수수께끼를 풀어야만 한다.

애초에 니체는 무엇을 말하고자 했던 것일까.

『차라투스트라는 이렇게 말했다』의 서론에는 유명한 '줄타기하는 광대' 이야기가 나온다. 니체에 따르면 **인간은 동물과 초인 사이를 건너가는 하나의 밧줄**이다. 인간은 결코 목표가 아니라 자기 자신을 뛰어넘어 초인으로 향해야 하는 것이다.

자기 자신을 뛰어넘기 위해 인간이 다다르는 것이 '정신의 세 변화'이다. 정신은 우선 '낙타'로 변하고 도덕의 무거운 짐을 지게 된다. 다음으로 낙타는 '사자'로 변해 도덕을 혹독하게 비판하고 자유로운 정신이 된다. 마지막으로 사자는 '어린아이'로 변해 놀이의 방식에서 새로운 가치를 창조한다. 이로써 정신은 초인으로 향하게 되는 것이다.

단, 이 세 변화와 초인의 관계를 어떻게 이해할지 『차라투스트라는 이렇게 말했다』에는 직접적인 언급이 없다. 그래서 많은 수수께끼를 풀어야 한다.

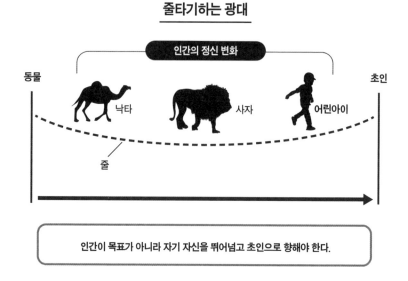

## 줄타기하는 광대

인간의 정신 변화

동물　　　　　　　　　　　　　　　　　　　　　　　초인

낙타　　　　사자　　　어린아이

줄

인간이 목표가 아니라 자기 자신을 뛰어넘고 초인으로 향해야 한다.

## 해석이 확정되지 않은 '영원 회귀' 사상

초인이 되면 대체 무엇이 가능해지는 것일까.

이 질문이 **'영원 회귀' 사상**이다. 니체는 이것을 『차라투스트라는 이렇게 말했다』의 근본적인 구상이라고 하며 **대략 도달할 수 있는 최고의 긍정 방식**'이라고 썼다.

1881년 8월 니체는 이 구상을 바탕으로 그때부터 『차라투스트라는 이렇게 말했다』를 집필할 수 있게 되었다고 말한다. 하지만 모든 것이 같은 순서로 영원히 반복한다는 '영원 회귀'에 관해서는 연구자들 사이에서도 확정된 해석이 없어 지금까지 논의가 이어지고 있다.

『차라투스트라는 이렇게 말했다』의 또 다른 근본 사상으로서 **'권력에의 의지'**를 이해해야 한다. 이 사상은 과거에 나치가 이용한 적도 있어서 오해를 받지 않게 '힘에의 의지'로 번역하기도 한다.

**인간을 포함해 모든 생명은 자신의 힘을 키우고 지배를 목표로 하며 '권력에의 의지'를 지닌다.** 니체가 이 개념을 인간관계뿐만 아니라 인식과 도덕, 예술로도 넓혀 총체적으로 이해하고자 했다는 점이 중요하다. 삼라만상을 권력에의 의지로 다시 이해하는 것이다. 초인은 바로 이 권력에의 의지를 체현한 자이다.

그렇다면 이 '권력에의 의지'와 '영원 회귀'의 관계는 어떻게 이해할 수 있을까. 이것이 『차라투스트라는 이렇게 말했다』의 근본 문제이다.

**POINT**

**근본 사상인 '영원 회귀' 사상과 '권력에의 의지'를 이해하는 것이 중요하다.**

## 에드문트 후설

순수현상학과 현상학적 철학의 이념들Ⅰ~Ⅲ』, 와타나베 지로 외 옮김, 미스즈쇼보.
순수현상학과 현상학적 철학의 이념들 1~3』, 이종훈 옮김, 한길사.

여러 학문의 기초를 다지는 '현상학'을 창시한 후설. 그는 과학과 철학의 관계에
관한 다양한 개념을 제시하여 문제에 몰두했다.

오스트리아 출신 철학자·수학자. 처음에는 수학 기초론을 연구하였
으나, 브렌타노의 영향을 받아 철학의 측면에서 모든 학문의 기초를
다지는 쪽으로 관심을 옮겼다. 완전히 새로운 대상에 접근하는 방법
으로서 '현상학'을 내세웠다.

## 현대 '현상학'의 출발점

'현상학'은 원래 18세기 철학자 람베르트가 『신 오르가논』에서 쓰기 시작했
던 말이다. 그 후 헤겔이 자신의 데뷔작 『정신현상학』에서 인용하여 널리 알
려지게 되었다.

하지만 현대 현상학파는 이들과는 직접적인 관계가 없고 19세기 말에 에
드문트 후설(Edmund Husserl, 1859~1938)이 새롭게 시작한 것이다. 그래서 현
상학을 이야기할 때는 이 점을 주의해야 한다.

또한, 후설의 제자들이나 후설에 영향을 받은 사람들도 자신들의 철학을
현상학으로 부르기 때문에 현상학파가 하나만 있는 것은 아니다. 오히려 스
피겔버그의 저서처럼 현상학을 하나로 한정하지 말고 다양한 현상학의 전

개, 즉 **'현상학적 운동'**으로서 이해하는 편이 좋을 것이다. 그리하여 **후설은 현대 현상학의 출발점을 이루고 있다.**

유대계 철학자인 후설은 당시 오스트리아 영토였던 한 지역에서 태어났다. 처음에는 수학을 연구했으나 빈대학교에서 프란츠 브렌타노의 강의를 듣고 철학으로 전공을 바꾼다.

브렌타노의 철학적 기본 개념은 의식의 '지향성'이었다. 이는 원래 중세 스콜라 철학에서 쓰였던 개념이지만, 브렌타노는 **'모든 심적 현상이 대상으로의 지향적 관계를 지닌다'고** 생각하고 **'지향성'의 개념을 철학에 도입했던 것**이다.

후설은 이것에 계시라도 받은 것처럼 '지향성' 개념에 바탕을 둔 자신의 현상학을 형성하기 시작했다.

하지만 후설의 현상학을 이해하는 방식이 하나만 있는 것은 아니다. 왜냐하면 현상학을 형성한 뒤에도 끊임없이 보완하면서 처음과는 내용이 달라졌기 때문이다.

게다가 그의 제자나 그에게서 영향을 받은 후속 철학자들도 각자가 이해한 '현상학'을 후설 철학으로 말하기 때문에 복잡해진다.

예를 들면 하이데거는 후설의 초기 저작인 『논리학 연구』에 큰 영향을 받았고, 사르트르는 중기 저작인 『순수현상학과 현상학적 철학의 이념들』을 현상학의 모델로 삼았으며, 메를로 퐁티는 후기 저작인 『유럽 학문의 위기와 초월론적 현상학』을 현상학의 가능성으로 발굴했다. 후설 현상학은 이 점에 주의하면서 접근해야 한다.

## '여러 학문의 기초'로서의 현상학

후설의 현상학은 조금씩 변화했지만 끝까지 관철한 주제가 있다. 자연과학이나 수학, 논리학과 같은 여러 학문과 철학의 관계, 좀 더 확실히 말하면 **모든 학문의 기초를 다지는** 현상학의 위치이다. 이것은 현상학의 야망이라고도 말할 수 있다.

예를 들면 첫 저작이 『산술의 철학』이고, 마지막 저작이 『유럽 학문의 위기와 초월론적 현상학』인 것을 보면, 후설의 관심이 어디에 있었는지 알 수 있다. 후설은 현상학을 전개하면서 **여러 학문과 철학의 긴장 관계 속에서 문제에 뛰어들었던 것**이다.

그래서 그는 다양한 개념을 고안했다. '판단 중지', '현상학적 환원', '본질 직관', '초월론적 구성'과 같은 개념은 모두 과학과 철학의 관계에서 제시된 것이다.

이제 『순수현상학과 현상학적 철학의 이념들』의 의미를 확인하자(『순수현상학과 현상학적 철학의 이념들』은 출판된 1권과 유고인 2, 3권이 있다).

### 후설의 '현상학적 환원'

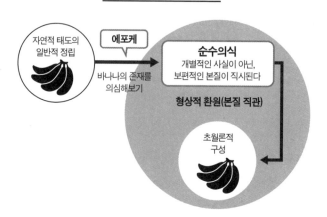

## 잠시 스위치를 끄는 '에포케'

후설에 따르면, 일상생활뿐만 아니라 과학 연구에서도 세계와 그 안의 것이 '존재하는 것'으로 자연스럽게 받아들여진다. 후설은 이를 '자연적 태도의 일반적 정립'이라고 부르며, 그 스위치를 잠시 끌 것을 요구한다. 이것이 **'판단 중지'(에포케)**이다. 이를 통해 '순수 의식'이라는 현상학의 영역으로 돌아가기 때문에 후설은 **'현상학적 환원'**이라고 명명했다.

그렇다면 현상학적 환원을 통해 발견된 '순수 의식'은 지금까지의 자연적 태도와 어떻게 다를까. 자연적 태도에서는 '존재하는 것'이 각각 개별적인 것으로서 이해되는 데 비해, 환원을 통해 돌아간 '순수 의식'에서는 개개의 본질 내지는 형상이 직관된다고 말한다. 즉, **개별적인 사실이 아닌, 보편적인 본질이 직관되는 것**이다. 이를 후설은 **'형상적 환원'**이라고 부르기도 한다.

이로써 현상학의 영역으로 되돌아가 순수 의식에서의 '본질 직관'을 꺼낸 뒤에는 그 반대의 학문의 길이 필요해진다. 즉, **순수 의식에서 과학이나 일상생활과 같은 자연적 태도가 어떻게 생겨나는가**에 관한 것이다.

순수 의식에서 다시금 최초의 출발점으로 돌아가야 하는데, 이것을 후설은 '초월론적 구성'이라고 부른다. 구성과 환원은 정반대로 향하며, 후설에게도 구성은 환원보다 훨씬 어려운 길이다.

---

**POINT**

'현상학적 환원'에 의해 보편적인 본질이 드러나고, 절대적인 인식을 얻을 수 있다.

# 04

## 도대체
## 나는 어떤 존재인가?

**인간의 '존재'를 탐구하는 명저 10권**

『물질과 기억』앙리 베르그송
『지칭에 관하여』버트런드 러셀
『논리철학논고』루트비히 비트겐슈타인
『존재와 시간』마르틴 하이데거
『존재와 무』장 폴 사르트르
『인간의 조건』한나 아렌트
『보이는 것과 보이지 않는 것』모리스 메를로 퐁티
『정의론』존 롤스
『광기의 역사』미셸 푸코
『글쓰기와 차이』자크 데리다

## 앙리 베르그송

『물질과 기억』, 구마노 스미히코 옮김, 이와나미문고.
『물질과 기억』, 박종원 옮김, 아카넷.

자연과학이 발달하면서 철학의 존재 가치를 묻던 시기, 베르그송은 '신체'(물질)와
'마음'(기억)의 이원론을 펼치며 독자적인 철학을 개척했다.

프랑스의 철학자. 근대 자연과학적·기계적 사고 방법의 극복과 내적
인식·철학적 직관의 우위를 설파하고, 생명의 유동성을 중시한 생의
철학을 주장했다. 1928년 노벨문학상을 수상했다. 저서로는 『창조
적 진화』 『도덕과 종교의 두 원천』 등이 있다.

## 프래그머티즘과 분석 철학에서 재평가

20세기 독일과 프랑스에 커다란 영향을 준 두 명의 철학자가 같은 해에 태
어났다. 현상학을 창시한 후설(1859~1938)과 **엘랑 비탈(élan vital, 생명의 약
동)의 철학**을 외친 앙리 베르그송(Henri Bergson, 1859~1941)이다. 이보다 11
년 전에 태어난 분석 철학의 창시자 프레게(1848~1925)까지 더하면, 현대 철
학의 큰 흐름을 대강 파악할 수 있다.

　이들은 비슷한 시기에 태어났을 뿐만 아니라 공통된 문제에 직면했다. **당
시 큰 영향력을 갖기 시작한 자연과학에 대하여 철학이 어떤 태도를 취하
고, 실제로 무엇이 가능할지에 관한 질문이 코앞에 놓였던 것이다.** 과학과
철학의 긴장된 관계 속에서 베르그송은 후설과는 다른 형태로 자신의 철학

을 형성했다.

베르그송은 프랑스의 철학자로 알려졌지만, 아버지는 폴란드계 유대인이다. 그는 유년 시절을 영국인 어머니와 함께 영국에서 보냈다. 이후에 프랑스로 이주해 프랑스를 대표하는 철학자로서 노벨문학상을 받았으며, 독일 점령 하의 파리에서 만년을 보냈다.

얄궂게도 사르트르나 메를로 퐁티 등 그의 뒤를 이은 프랑스 철학자들은 현상학을 배우러 독일에 있는 후설을 찾아갔다.

하지만 그다음 세대는 베르그송의 가치를 새롭게 확인했고, 특히 프랑스 철학자 들뢰즈는 『베르그송주의』를 집필하여 그를 완전히 재평가하는 방향을 제시했다. 현재 베르그송의 철학은 **프래그머티즘과 분석 철학과 같이 앵글로색슨계 철학자들이 새롭게 연구하고 있다.**

## 이원론을 읽는 열쇠는 '이마주'

베르그송은 평생 4권의 주요 저서를 냈는데, **모두 두 개의 관계를 주제로 쓴 것**이다.

우선 『의식에 직접 주어진 것들에 대한 시론』(1889)의 영어 제목은 '시간과 자유'이다. 다음으로 발표된 『물질과 기억』(1896)이나 마지막 저서 『도덕과 종교의 두 원천』(1932) 역시 두 개의 관계를 주제로 삼고 있다. 또한, 세 번째 저서인 『창조적 진화』(1907)도 진화와 창조의 관계를 다룬다. 이 점을 깨달으면 베르그송의 관심이 어디에 있었는지 알 수 있다.

그렇다면 『물질과 기억』에서는 어떤 관계를 밝히고자 했을까.

물질은 '신체'로, 기억은 '마음'으로 바꿔 말할 수 있다. 그러면 베르그송이 몰두했던 것은 **'심신 문제로서 다뤄진 주제'**였음을 알 수 있다.

베르그송은『물질과 기억』서문에서 "이 책은 이원론이 야기했던 수많은 이론적 문제를 제거하지는 못해도, 그것들이 크게 완화하기를 바라는 방식으로 신체와 정신을 그리고 있다"라고 적고 있다. 그 입장은 '상식'(공통 감각)에 의해 채택되었으나 '철학자'들은 전혀 인정하지 않았다.

그렇다면 베르그송은 신체와 정신의 이원론이 지닌 문제를 어떻게 없애려고 했을까. 그 열쇠가 **'이마주'(image)**라는 개념이다. 아주 평범하게 쓰이는 말(영어로는 '이미지')이지만, 베르그송은 특별한 의미를 부여했다. '사물'과 '표상'의 중간에 자리한 실재의 의미로서 '이마주'를 사용한 것이다. 어렵게 느껴질 수도 있지만 베르그송은 '상식' 즉 **'철학자들 사이에 오가는 다양한 논의를 알지 못하는 정신'에서는 이해되고 있다**고 말한다.

## 『물질과 기억』에서 밝혀진 관계

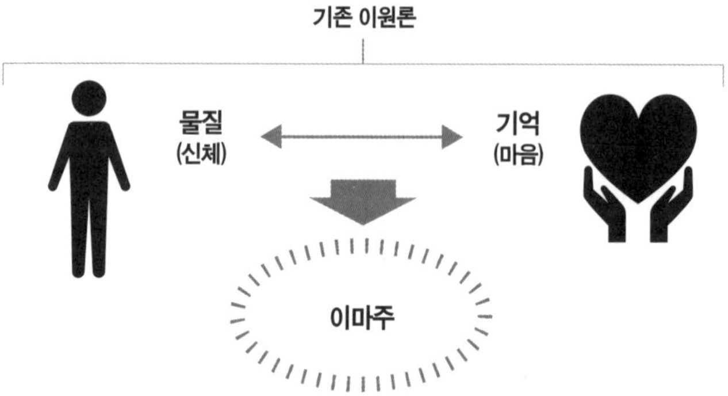

기존 이원론

물질
(신체) ←→ 기억
(마음)

이마주

→ 베르그송은 '신체와 마음'이라는 이원론의 이론적 문제를
'이마주'의 개념에서 밝히려고 했다.

## 기억은 뇌에서 독립한 영역이다

중요한 것은 베르그송이 이러한 '이마주' 개념에 근거해 자신의 이론을 전개할 때, 단순히 철학 이론을 고찰하지 않고 '실어증'과 같은 구체적인 증상을 바탕으로 물질(뇌)과 기억(마음)의 관계를 밝힌다는 점이다. 당시 실어증은 뇌세포의 파괴로 인해 일어나는 기억 상실로 여겨졌다. 그러나 베르그송은 **기억이 뇌에 포함된 것이 아니라, 그 자체로 독립한 영역이라고 주장했다.**

기억을 뇌에서 독립시킨 베르그송의 발상은 언뜻 과학의 발전을 무시한 생각처럼 보일 수도 있다. 하지만 오늘날 뇌생리학 연구에서도 기억의 독립성은 확증되고 있다. 그 점에서 베르그송의 이론은 현대 과학의 성과와도 일치한다.

**POINT**

**'신체'와 '정신'의 이원론 문제를 '상식'에 근거한 '이마주'라는 개념으로 극복했다.**

### 32 『지칭에 관하여』 *On Denoting*   1905

## 버트런드 러셀

『현대철학기본논문집1』 수록, 시미즈 요시오 옮김, 케이소쇼보.
『지칭에 관하여』, 김혜연 외 옮김, 전기가오리.

노벨문학상을 수상하는 등 다채로운 활약을 펼쳤던 러셀. 이 책의 이론은 독일 철학자 프레게의 영향을 빼놓고 말할 수 없다.

영국의 철학자이자 수학자. 헤겔 철학에서 경험주의로 전향하여 초기의 논리 실증주의에 영향을 주었다. 만년에는 평화 운동에 헌신하여 아인슈타인과 '러셀=아인슈타인 선언'[9]을 발표했다. 베트남 전쟁이 일어났을 때도 사르트르와 함께 반전 운동을 전개했다.

## 수학을 논리학으로 환원한 '논리주의'

철학자 중에는 다양한 영역에서 활동을 펼친 사람이 적지 않다. 현대에는 영국의 버트런드 러셀(Bertrand Russell, 1872~1970)이 그 대표적 인물이다.

그의 발자취만 따라가도 책 한 권이 나올 정도다. 학자로서 연구뿐만 아니라, 젊은 시절에는 반전 운동을 하기도 하고 제2차 세계대전 이후에는 핵무기 철폐를 주장하며 국제 재판을 열기도 했다. 귀족 가문에서 태어난 그는 평생 세 번 이혼했고, 사회 활동으로 인해 투옥된 경험도 있다.

---

**9)** 1955년 영국의 러셀과 미국의 아인슈타인이 핵무기 폐기와 과학 기술의 평화적 이용을 호소한 선언문. —옮긴이

또한, 집필 영역에서는 행복론이나 사회 비평을 썼을 뿐만 아니라 **1950년에는 노벨문학상도 수상**했다. 그의 문장력은 정평이 나 있어서 대학입시를 본 사람이라면 누구나 한 번쯤 영어 독해 지문에 나온 러셀의 글을 읽은 적이 있을 것이다.

하지만 그 어떤 영역에서보다 러셀은 학문 영역에서 더욱 뛰어난 업적을 세웠다. 과거에 그는 농담 삼아 이렇게 이야기한 적이 있다.

**"머리가 가장 좋았을 때 수학을 하고, 조금 나빠졌을 때 철학을 했으며, 더 나빠져 철학도 할 수 없을 때 역사에 손을 댔다."**

이 표현을 진지하게 받아들이는 데는 주의가 필요하지만, 러셀의 연구 분야가 수학부터 철학, 나아가 역사까지 이동했다는 점은 분명하다.

러셀이 세계적으로 알려진 계기는 1910년에 화이트헤드와 공동 저자로 출판한 『프린키피아 마테마티카』였다. 이 책의 관점을 **논리주의**라고 한다. 수학의 여러 규칙을 논리학의 여러 규칙으로 연역하여 논리학으로 환원했다. 이러한 생각은 **독일의 철학자 프레게의 영향을 받아 형성된 것**이다.

1905년에 발표한 『지칭에 관하여』에서도 같은 흐름을 파악할 수 있다. 먼저 프레게의 사상을 확인해보자.

## '뜻'과 '지시체'의 구별

프레게는 1892년에 발표한 논문 「뜻과 지시체에 관하여」에서 명제에 나타나는 다양한 말의 뜻과 지시체를 구별했다. '뜻'(Sinn)과 '지시체'(Bedeutung)는 어떻게 다른 것일까.

프레게가 제시한 예시를 보면 이해하기 쉽다. 예를 들어 '샛별'과 '개밥바라기'는 말로 표현되는 내용이라는 점에서 다르다. 이를 프레게는 '뜻'이라고 한다. 하지만 천문학 지식이 있는 사람이라면 '샛별'도 '개밥바라기'도 둘 다 '금성'이라는 사실을 안다. 즉, 두 표현이 가리키는 대상은 동일하며, 이를 프레게는 '지시체'라고 부른다. 따라서 **'샛별'과 '개밥바라기'는 뜻은 다르지만, 지시체는 동일**하다고 말한다.

이 구별에 관하여 러셀과 프레게는 1904년에 서간을 주고받으며 논쟁을 한 적이 있다. '몽블랑의 높이는 4000미터가 넘는다'라는 명제에 대해 프레게는 '설원에 뒤덮인 몽블랑 자체'(즉 '의미' 또는 지시 대상)는 구성 요소가 아니라고 주장했다. 그러나 러셀은 구성 요소라고 반론했던 것이다.

"이 점을 인정하지 않으면 우리는 몽블랑 자체에 대해서 아무것도 알지 못하는 것일 테지요."

러셀은 프레게에 대응하기 위해 『지칭에 관하여』를 썼다. 다만 러셀은 프레게와 달리 **'의미'와 '지칭체'**라는 용어를 사용하기 때문에 주의해야 한다. 혼동할 수 있으므로 두 사람의 용어 차이를 표로 나타내보자.

## 러셀과 프레게의 용어 차이

| 프레게 | 러셀 |
|---|---|
| 뜻 | 의미 |
| 지시체 | 지칭체 |

➡ 프레게의 '의의'와 '의미'에 관한 논의에서
러셀은 '지칭 어구'라는 어법으로 이론을 전개

러셀은 이 문제를 생각하기 위해 **'지칭 어구'**라고 하는 어법에 주목했다. '지칭 어구'는 다양하지만 기본적으로 ① all로 시작하는 명사구, ② a로 시작하는 명사구, ③ the로 시작하는 단수형 명사구를 들 수 있다. 특히 ③은 **'한정 기술구'**라고 한다.

러셀은 이러한 '지칭 어구'를 도입하여 프레게의 '뜻'과 '지시체'에 관한 논의에서 독자적인 이론을 펼치고자 했지만, 그 난해함으로 인해 연구자들을 괴롭게 만들었다.

---

**POINT**

**프레게의 영향을 받은 러셀은 '의의'와 '의미'의 구별에 관하여 프레게와 의견을 다뤘다.**

# 루트비히 비트겐슈타인

『논리철학논고』, 노야 시게키 옮김, 이와나미문고.
『논리-철학논고』, 이영철 옮김, 책세상.

분석 철학의 역사 그 자체인 비트겐슈타인. 이 책은 실세로 입증 가능한 학문만을 참된 지식으로 여겼던 '논리실증주의'에 큰 영향을 주었다.

빈 출생. 『논리철학논고』로 철학 문제를 최종적으로 해결했다며 철학을 떠나 약 10년간 초등학교 교사와 수도원 정원사로 일하고, 누이 스톤보로의 저택을 설계하기도 했다. 이후에 다시 철학의 세계로 돌아와 케임브리지대학에서 강의했다.

## '모든 문제를 해결했다'며 잠시 철학을 떠나다

철학의 역사에는 인물 자체가 흥미로운 철학자들이 몇 명 있다. 니체와 마찬가지로, 루트비히 비트겐슈타인(Ludwig Wittgenstein, 1889~1951)도 그러한 철학자다. 파란만장한 삶과 몇 번의 극적인 변신은 천재를 떠올리게 한다.

만년에 광기에 빠진 니체와 달리 또 하나의 철학자다운 삶을 보여준 비트겐슈타인은 신비로운 매력을 자아낸다. 게다가 사상에도 그 신비로움이 스며들어 있다.

**1960년대 무렵까지 철학의 조류는 마르크스주의, 실존주의, 분석 철학의 세 가지로 나누어 이해하는 것이 일반적**이었다. 그중 분석 철학에 결정적인 영향을 준 사람이 바로 비트겐슈타인이다.

분석 철학은 대개 전기와 후기로 나누어 이해하는데 비트겐슈타인은 양쪽에 모두 관여했다. 그는 이른바 **분석 철학의 역사 그 자체**라고 볼 수 있다.

1930년대 빈에서 활동하던 사상가들이 전기 분석 철학을 형성한 이론을 논리실증주의라고 한다. 수학이나 논리학 같은 학문과 자연과학처럼 실증 가능한 학문만을 참된 지식으로 보았기 때문에 논리적이지도, 실증적이지도 않은 형이상학을 비판했다. 이 논리실증주의에 큰 영향을 미친 것이 비트겐슈타인의 초기 저작 『논리철학논고』(1921)이다.

이 책에서 그는 **'철학의 모든 문제를 원리적으로 해결했다'**라고 생각했다. 그래서 잠시 철학을 떠나 건축 설계와 초등학교 교사 등 다른 일에 종사했다. 그러나 이후 전기 사상에 대한 자기비판이 싹트면서 '다시 철학에 종사'하게 되었다. 이로써 후기의 『철학 탐구』로 결실을 맺는 사상을 형성하고, 그와 함께 분석 철학도 새로운 방향으로 전환하여 **일상언어학파**라는 흐름이 생기기 시작했다.

## 언어가 세계를 묘사한 모습 '그림 이론'

전기 비트겐슈타인의 저서 『논리철학논고』는 어떤 책일까. 이 책의 놀라운 부분은 형식과 분량이다. 번역본으로 읽어도 **100쪽 정도에 불과한 데다 대부분 항목으로 정리한 글**이다.

또한, 각각의 문장은 번호를 달아 조직화하여 마치 수학 증명과 같은 형식이다.

이러한 형식으로 비트겐슈타인이 전개하는 것이 '그림 이론'이다. 이는 '언어가 세계를 묘사한 그림'이라고 보는 관점이다. 한쪽에 언어가 있고, 다른 한쪽에 세계가 있다. 그에 따르면 언어는 문장('명제')에서 구성되고 문장은

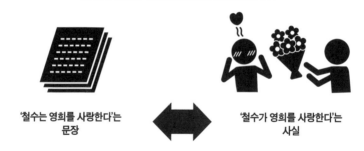

**언어가 세계를 묘사한 모습 (그림 이론)**

'철수는 영희를 사랑한다'는
문장

'철수가 영희를 사랑한다'는
사실

**'문장'과 '사실'은 1대1로 대응한다**

➡ '철학자의 형이상학적인 질문과 명제는 무의미'하다며 비판.

단어('이름')까지 분해할 수 있다. 이에 대해 **세계는 사실('사태')로 구성되고 이는 '대상'으로 분해할 수 있다.**

구체적으로 보면 '철수는 영희를 사랑한다'라는 문장은, 세계에서 '철수가 영희를 사랑한다'라는 사실을 나타낸 모습인 것이다.

이 생각의 포인트는 언어를 다룰 때 소쉬르 언어학처럼 단어를 기본으로 하지 않고 어디까지나 문장과 사실을 단위로 한다는 점이다. **'사물'이 아닌 '사실'을 출발점**으로 하는 것이다.

## 형이상학적인 철학 사상을 비판

그렇다면 이러한 관점에서 『논리철학논고』는 철학의 어떤 문제를 이야기할까.

비트겐슈타인은 다음과 같이 말한다.

"4.003 철학적 문제에서 지금까지 쓰였던 명제나 질문 대부분은 틀린 것이 아니라 무의미(난센스)하다. 따라서 우리는 이러한 종류의 질문에 거의 대답할 수 없고 다만 그 무의미함을 확인하는 것만 가능하다. 철학자들이 말하는 다수의 질문과 명제는 우리 자신이 언어의 논리를 이해하지 못한 것에서 비롯된다. (중략) 그리하여 가장 심오한 문제가 실은 전혀 문제가 아니었다는 것은 놀라운 일이 아니다."

여기에서 『논리철학논고』가 새로운 철학 체계를 만들고자 했던 것은 아니었음을 알 수 있다. 오히려 지금까지 철학의 오류가 어디에 있었는지를 논리적으로 밝히려고 했던 것이다. 이로써 **심연처럼 보이는 형이상학적 철학 사상은 무의미하다는 비판을 받고 물러나게 되었다.**

다만 『논리철학논고』에서 상정한 것은 이른바 '이상 언어'이지, 일상적인 세계에서 쓰이는 언어가 아니라는 점을 주의해야 한다. 이 점 때문에 비트겐슈타인은 이후에 자기비판을 하게 되는데, 여기에서는 알아만 두자.

**POINT**

형이상학적인 철학 사상으로 대표되는 '철학의 오류'를 논리적으로 밝혔다.

## 34 『존재와 시간』 *Sein und Zeit* 1927

# 마르틴 하이데거

『존재와 시간 1~4』, 구마노 스미히코 옮김, 이와나미문고.
『존재와 시간』, 이기상 옮김, 까치.

현대 철학은 하이데거를 빼놓고 이야기할 수 없다. 하지만 세계적인 베스트셀러인 이 책은 난해하기로도 유명하다. 그 원인은 어디에 있을까?

독일 철학자. 실존주의에 강한 영향을 받아 아리스토텔레스 등 고대 그리스 철학의 해석을 통하여 독자적인 존재론 철학을 전개했다. 『존재와 시간』에서 전통적인 형이상학의 해체를 시도했다. 20세기 대륙 철학의 흐름에서 가장 중요한 철학자 중 한 사람이다.

### 철학과 떼어낼 수 없는 '나치 가담'

마르틴 하이데거(Martin Heidegger, 1889~1976)는 20세기 최고의 철학자 중 한 사람으로 평가받지만, 개인적인 경력을 보면 인상이 전혀 다를 수 있다. 예를 들면 그는 여성 편력이 대단하기로 유명했다. 철학자 한나 아렌트가 그의 학생이었을 당시 두 사람은 불륜 관계였다. 또한, 평생 애인이 끊이질 않아서 아렌트 외에도 10명이 넘는 애인이 있었다고 한다.

정치적인 활동도 하이데거의 경력에 오점을 남겼다. 나치가 대두하자 프라이부르크대학 총장으로서 나치에 깊이 가담했다. 그가 총장으로 연설한 '독일대학의 자기주장'은 나치의 색채가 짙은 내용으로 이루어져 있다.

과거에는 하이데거의 나치 가담과 그의 철학을 분리해 이해하는 것이 일반적이었다. 하지만 다양한 자료가 나오면서 **'하이데거와 나치즘'의 관계는 단순한 에피소드가 아니라, 하이데거 철학의 근간을 이루고 있다**고 여겨지고 있다.

하지만 개인사보다 하이데거 철학이 미친 영향력에 스포트라이트를 비추면 그 범위가 대단히 넓다는 것을 알 수 있다. 하이데거 철학은 실존주의나 현상학은 물론, 프랑스 구조주의와 포스트구조주의, 나아가 영미권의 분석 철학이나 최근의 실재론까지 영향을 미쳤다. 현대 철학을 살펴볼 때 하이데거를 빼놓고 생각하기란 불가능하다.

## '존재의 의미'를 해명

1927년에 출판된 『존재와 시간』은 나오자마자 눈 깜짝할 사이에 독일 전역에 퍼지면서 하이데거의 이름을 세계적으로 알리게 되었다. 하지만 이 책을 실제로 읽어 보면, 하이데거 특유의 용어가 많이 나와서 의도를 제대로 이해하기가 대단히 어렵다. 『존재와 시간』은 무엇을 겨냥한 책이었을까.

하이데거는 이 책의 의도가 **'존재의 의미에 대한 물음'을 새롭게 설정하고 존재 문제를 해명하는 것**이라고 밝혔다. 주의할 점은 '존재의 의미'라고 해도 '존재란 무엇을 의미하는가'를 묻지 않는다는 것이다.

아리스토텔레스 이후 끊임없이 다음과 같은 질문이 제기되었다. '존재는 다양하게 이야기할 수 있음'(존재의 다의성)에도 불구하고, 그것이 동일한 '존재'에 관하여 이야기하는(존재의 통일성) 것은 어떻게 가능한가?

하이데거는 이처럼 다양하게 이야기할 수 있는 '존재'의 통일성을 **'존재의 의미'**라고 불렀다.

하이데거의 독창성은 **'존재의 의미'를 '현존재'(인간)**의 존재이해를 바탕으로 해명하고자 했다는 점이다. 그러나 인간의 존재이해는 근본적으로 시간적인 방식을 나타낸다. 그리하여 하이데거는 『존재와 시간』의 목표를 다음과 같이 말한다.

"존재의 의미에 대한 물음을 구체적으로 완성하는 것이 『존재와 시간』의 의도이다. 모든 존재이해를 가능하게 하는 지평으로서 시간을 해석하는 것이 이 책의 목표이다."

## 출판된 내용은 전체 구상의 절반뿐이었다

구체적으로 『존재와 시간』의 전개를 확인해보자.

하이데거는 먼저 서론에서 '존재의 의미에 대한 물음'이 철학적으로 얼마나 중요한 문제인지 설명하고, 이 문제를 해명하겠다고 강조한다. 그는 서론에서 이 책의 의도를 명확하게 밝히지만, 철학사에 관한 지식이 없는 독자에게는 다소 장벽이 높을 것이다.

출판된 『존재와 시간』은 최초 구상의 절반에 불과한 '전반부'라는 사실에 주의해야 한다. 게다가 출판 예정이었던 후반부가 결국 출판되지 못하면서 '전반부'라는 단서도 지워져 버렸다. 그래서 『존재와 시간』은 **미완결 상태에 그쳐 '존재의 의미에 대한 물음'이라는 목표에 도달하지 못했다.**

하이데거가 실제로 발표한 부분은 제1부 제1편의 '현존재에 대한 준비적인 기초 분석'과 제2편의 '현존재와 시간성'까지이다. 여기까지 현존재의 시간적인 방식을 밝혔지만 '존재 일반의 의미'에는 손을 대지 못했다. '존재의 의미' 분석은 제3편과 제2부였다. 그 결과 『존재와 시간』은 최초의 목표인 '존재의 의미에 대한 물음'에는 아무것도 답하지 않고 '현존재'의 분석만 이루어졌다.

이러한 사정 때문에 『**존재와 시간**』은 **과거에 출판된 '현존재의 분석'에만 초점이 맞춰져 실존철학 서적으로 받아들여졌다.** 그러나 하이데거의 본래 의도는 다양하게 이야기하는 '존재'의 의미를 어떻게 통일하여 이해할 수 있는지를 모색하는 것이었다.

**POINT**

'존재의 의미에 대한 물음'의 답은 없이 '현존재 분석'만 출판되었다.

# 장 폴 사르트르

『존재와 무 I ~ III』, 마쓰나미 신자부로 옮김, 지쿠마학예문고.
『존재와 무 1, 2』, 정소성 옮김, 동서문화사.

일거수일투족이 세계의 주목을 모았던 사르트르. 그가 현상학적 관점에서 존재
의 문제를 다룬 이 책은 전 세계에 '실존주의 붐'을 일으켰다.

파리 출생. 1930년대부터 현상학을 연구하여 『존재와 무』를 발표했
다. 전후에 교단을 떠나 '실존주의는 휴머니즘이다'라는 제목의 연설
로 실존주의 붐을 일으켰다. 재야 지식인으로서 폭넓은 집필 활동
을 하다가 1964년에 노벨문학상 수상자로 선정되었으나 거절했다.

## 보부아르와의 '계약 결혼'

제2차 세계대전 이후 세계에서 가장 활발하게 활동한 철학자는 아마도 프랑
스의 장 폴 사르트르(Jean Paul Sartre, 1905~1980)일 것이다. 그는 전후에 바로
강연록 『실존주의는 휴머니즘이다』을 출판하여 실존주의의 세계적인 유행
을 일으키고, 철학적 저작뿐만 아니라 소설과 평론을 써서 그 선전에 힘썼다.

1960년대에 들어설 무렵, 사르트르는 마르크스주의에 접근하여 실존주
의와 마르크스주의의 통합을 도모했다. 그 결과 탄생한 것이 **『변증법적 이
성비판』**(1960)이다.

하지만 당시 프랑스에서는 실존주의 대신 구조주의가 대두하고 있었다.
그래서 사르트르는 구조주의자인 레비스트로스와 논쟁을 벌였지만 사회적

으로는 이미 실존주의의 유행이 지났을 때였다. 사르트르는 그 논쟁으로 인해 과거의 철학자가 되었다.

사르트르는 철학뿐만 아니라, 그의 삶을 통해서도 많은 사람에게 영향을 주었다. 예를 들어 프랑스를 대표하는 페미니스트인 **보부아르와 맺은 '계약 결혼'은 낡은 결혼 제도에 얽매였던 당시의 인식에 새로운 바람을 일으켰다.**

또한 **'앙가주망'**(engagement, **사회 참여**)이라는 표현을 통해 사회에 이의를 제기하며 철학자의 이미지를 근본적으로 바꾸었다. 전통적으로 사르트르뿐만 아니라 프랑스 철학자는 사회 참여에 적극적이었는데, 사르트르는 그 활동에 철학적 정당성을 부여했던 것이다.

## 사물로서의 '즉자존재', 의식으로서의 '대자존재'

사르트르의 대표작으로서 제2차 세계대전 당시 출판한 『존재와 무』(1943)는 하이데거의 『존재와 시간』과 제목이 비슷하다. 실제로 『존재와 무』의 부제는 '현상학적 존재론에 관한 시론'으로서 **후설의 현상학과 하이데거의 존재론을 강하게 의식**하고 있다.

주목할 점은 사르트르가 이러한 관점에서 헤겔의 개념을 사용해 내용을 구성했다는 것이다.

그래서 사르트르가 가져온 헤겔의 개념을 간단히 설명하고자 한다. 그 개념이란 **'즉자존재', '대자존재', '대타존재'**이다. 같은 개념일지라도 사르트르와 헤겔이 사용한 의미는 조금 다르다는 점을 주의해야 한다.

사르트르가 생각한 **'즉자존재'**는 사물과 같은 방식으로, 그 내부에 균열을 내포하지 않고 그 자체에 딱 포개진 상태다. 그는 즉자존재에는 부정 작용이 없으며 그 자체에 머물러 있는 것이라고 생각했다.

이에 비해 인간의 의식은 지향성(~에 대한 의식)을 지니고, 항상 자기초월적이다. 즉, 자기 자신의 외부에 있는 것이 **'대자존재'**로서 의식의 모습이다. 사르트르에 따르면 의식은 '~가 아니다'라는 형태로 항상 부정성을 지니고 있으며, 모든 여건에서 벗어나 언제나 새롭게 자유를 얻으려고 한다.

**'대자존재'는 자기에 대해 거리를 두고 마주할 수 있는 모습이다.** 사르트르는 이것을 인간의 존재 방식이라고 생각했다.

이로써 사르트르는 사물로서의 '즉자존재'와 의식으로서의 '대자존재'를 대비하고 그 관계를 상세하게 그려간다. 『존재와 무』의 제목은 여기에서 유래했다.

## 사르트르가 생각한 '존재'의 개념

**즉자존재**
사물처럼
처음부터
규정된 존재

**대자존재**
나는
의자가 아니다
무엇인지
규정되지 않고,
자기와 마주할 수 있는
자기초월적 존재

**대타존재**
타인의 시선을
의식했을 때,
주체로서의 대자가
타자에 대한 객체로서
나타나는 존재

## 타인의 시선을 의식한 '대타존재'

하지만 의식과 사물과의 관계뿐만 아니라 타인과의 관계도 중요하다. 그래서 사르트르는 **'대타존재'**를 고찰했다.

인간(의식)이 타인에 대해 존재하는 것은 사물이나 자신에 대해 존재할 때와는 다르다.

예를 들면 타인의 시선을 의식했을 때, 전혀 다른 모습이 되기도 한다. 이처럼 사르트르는 '대타존재'의 구체적인 모습을 상세하게 분석했다.

사르트르의 기본 의도는 의식(대자존재)의 관점에서 세계를 빈틈없이 명확하게 분석하는 것에 있다. 그래서 프로이트가 말하는 '무의식'을 인정하지 않는다. **의식은 비록 비(非)반성적일지라도, 반드시 자기 자신을 의식**하고 있다. 그에 따르면 오스트리아의 정신과 의사 프로이트가 말한 '무의식'은 '자기기만'에 다름 아니며 스스로 자신을 속이는 것이다.

이러한 의식의 명증성에 입각한 사르트르의 견해는 그 후 구조주의의 비판을 받았다.

POINT

**'즉자존재', '대자존재', '대타존재'라는 개념에서 인간 존재를 세밀하게 분석했다.**

# 한나 아렌트

『인간의 조건』, 시미즈 하야오 옮김, 지쿠마학예문고.
『인간의 조건』, 이진우 옮김, 한길사.

아렌트의 삶을 그린 영화가 개봉하는 등 최근 그의 철학에 대한 관심이 높아지고
있다. 그는 이 책을 통해 '인간이란 무엇인가'를 밝혔다.

독일 유대인 가정에서 태어났다. 하이데거와 야스퍼스에게서 사사
했다. 나치의 박해를 피해 1933년에 프랑스, 1941년에 미국으로 망
명했다. 20세기에 전체주의를 낳은 현대 대중사회의 병리와 대결하
는 것을 평생의 과제로 삼았다.

## 하이데거와의 비밀스러운 연애

한나 아렌트(Hannah Arendt, 1906~1975)는 독일계 유대인으로 태어나 대학
시절에는 하이데거와 후설, 야스퍼스와 같은 쟁쟁한 철학자들에게서 배웠
다. 특히 **하이데거와의 불륜 관계가 알려지면서 천재적인 철학자와 젊은 여**
**학생의 비밀스러운 연애로 화제가 되었다.**

　그는 독일에서 나치가 대두하자 프랑스로 망명했지만, 파리를 침공한 나
치에 붙들려 수용소에 보내졌다. 하지만 1914년 그곳에서 탈출해 미국으
로 망명했다.

　전후에 그는 미국 시민권을 획득하고 미국에서 집필 활동을 했다. 아렌
트의 저작은 1960년대에 좌익운동과 연관되어 읽혔으나 **1990년대 이후 '아**

렌트 르네상스'가 일어나 현재 아렌트 사상에 대한 관심이 높아지고 있다.

아렌트가 세계적으로 주목을 받게 된 계기는 1951년에 발표한 『전체주의의 기원』이다. 그는 체험을 통해 '전체주의'에 대한 관심이 깊었고, 그것을 인류 전체의 문제로 해명했다. 아렌트의 기본적인 관점은 나치에 동조한 사람들의 행동은 특별한 것이 아니며, **누구나 전체주의로 기울 수 있다는 것**이다.

그렇다면 '도대체 인간이란 무엇인가'라는 질문이 새롭게 떠오를 것이다. 이를 주제 삼아 탐구한 책이 『인간의 조건』(1958)이다.

## 인간의 '본성·본질'이 아닌, '조건'인 이유

먼저 제목에 대해 생각해보자. 우선 아렌트는 '인간이란 무엇인가'를 생각할 때, 어째서 인간의 '본성 내지는 본질'이 아니라, 인간의 '조건'을 해명했을까. 인간의 '조건'을 탐구한 이유는 무엇일까.

아렌트에 따르면 **인간은 '조건 지어진 존재'이며, 이 조건을 무시하고 영원한 본성이나 본질을 문제 삼기란 불가능**하다. 그래서 아렌트는 인간의 본성이 아닌, 인간의 조건에 초점을 맞추었다.

여기에서 상정하는 것은 '조건'이 다른 것과의 관계에 의해 성립하는 데 비해, '본성이나 본질'은 그러한 관계에서 분리해도 이해할 수 있다는 점이다. 인간은 무언가에 의해 조건 지어져 있으므로, 인간을 조건 짓는 것이 무엇인지 물어야 한다.

아렌트는 이 질문을 고찰하기 위해 고대 그리스 사상까지 거슬러 올라간다. 그 단적인 표현이 『인간의 조건』의 독일어판 제목 **'활동적 삶'**(Vita activa)이다. 이 말은 중세 철학에서 아리스토텔레스의 '정치적 삶'(bios politikos)의

'표준 번역어'였다.

　이 제목에서 알 수 있는 것은 아렌트가 아리스토텔레스의 개념을 바탕으로 『인간의 조건』을 구상했다는 점이다. 이 점에서 **아렌트는 젊은 시절의 스승 하이데거를 충실히 따르고 있다.**

## 인간의 조건: '노동', '작업', '행위'

이처럼 아리스토텔레스의 '정치적 삶'의 개념을 모델로 아렌트는 '인간의 조건'으로서 **'노동', '작업', '행위'**의 세 가지를 제시한다. 그런 다음 그녀는 각각의 역사적 변화를 상세히 밟아간다. 언뜻 모두 비슷해 보이는 세 가지 개념은 어디가 다른 것일까.

　우선 '노동'은 '인간 육체의 생물학적 과정에 대응하는 활동력'으로서, 말하자면 '이마에 땀을 흘리며 일하다'라고 표현할 수도 있다.

　다음으로 '작업'은 '모든 자연환경과 다른 사물의 인공적인 세계를 만들어내는 일'로서, 예를 들면 예술 작품을 만드는 일을 떠올리면 된다.

　마지막으로 '행위'는 '사물의 개입 없이 직접 사람과 사람 사이에서 이루어지는 유일한 활동력'으로 표현되는데, '노동'이나 '작업'처럼 무언가를 만들어내는 것이 아니라, 정치와 같이 다른 사람들에게 직접 작용하는 활동을 가리킨다.

　이 세 가지 조건을 분석할 때 아렌트의 기본적인 관점은 다음과 같다. 고대 그리스의 폴리스에서는 '행위'를 기본으로 한 삶이 실현되었으나 역사의 전개와 함께 '작업'으로 대체되었고, 나아가 현대에서는 '노동'이 가치의 중심에 놓이게 되었다. 즉, 역사적으로 나열하면 '행위' → '작업' → '노동'으로 중심이 옮겨갔던 것이다.

근대 이후 '노동'이 우위에 서면서 '작업'과 '행위'가 인간적 의미를 잃어간다고 하는 관점이다.

이러한 역사에 대해 아렌트는 **'행위'의 의의를 새롭게 확인하고, 이것을 되찾기를 희망한다.**

하지만 『인간의 조건』에는 그러한 바람을 어떻게 실현할지보다 오히려 역사의 변화로서 '행위'의 상실만 기술되어 있다. 여기에서 글로 표현되지 않은 구상을 읽어내는 것이 중요한 과제일 것이다.

## 세 가지 '인간의 조건'

고대 그리스 ──────────────────────▶ 현대

| 행위 | 작업 | 노동 |
|------|------|------|
| 다른 사람에 직접 작용한다 | 예술 작품을 만든다 | 땀 흘리며 일한다 |

➡ 근대 이후 '노동'이 우위에 서며
'작업'이나 '행위'가 인간적인 의미를 잃어간다.

**POINT**

인간의 세 가지 조건은 시대와 함께 '행위' → '작업' → '노동'으로 중심이 옮겨갔다.

## 모리스 메를로 퐁티

『보이는 것과 보이지 않는 것─부록·연구 노트』, 다키우라 시즈오 옮김, 미스즈쇼보.
『보이는 것과 보이지 않는 것』, 남수인·최의영 옮김, 동문선.

사르트르의 그늘에 가려졌던 메를로 퐁티는 독자적인 철학과 활동이 주목을 받
게 되었지만, 이 책이 유고집이 되었다.

프랑스의 철학자. 주로 현상학의 발전에 힘쓰고, 제2차 세계대전 직
후 실존주의와 1960년대에 시작된 구조주의를 이어주는 역할을 했
다. 1952년 당시 이례적으로 젊은 나이에 콜레주 드 프랑스 교수가
되었다. 저서로『행동의 구조』,『지각의 현상학』등이 있다.

## 마르크스주의에 환멸하고 사르트르와 결별

모리스 메를로 퐁티(Maurice Merleau Ponty, 1908~1961)는 사르트르보다 조금
젊지만 거의 동시대에 활약한 프랑스 철학자이다. 그는 사르트르가 주재한
잡지『현대』(*Les Temps Modernes*, 레 탕 모데른)에도 참여하여 협력 관계처럼
보였다. 그러나 두 사람의 사상적 방향은 미묘하게 달랐다.

사르트르와 메를로 퐁티 둘 다 후설의 현상학에서 출발하지만, 후설에 대
한 이해는 크게 달랐던 것이다.

사르트르는『순수현상학과 현상학적 철학의 이념들』을 중심으로 한 후설
의 중기 철학을 바탕으로 의식의 능동성과 자유에 관심을 쏟았다. 이에 비
해 메를로 퐁티가 주목한 것은 **의식의 수동성과 신체를 분석의 주제로 한**

**후설의 후기 사상이었다.**

마르크스주의에 대한 태도 역시 사르트르와 달랐다. 제2차 세계대전이 끝난 직후에 사르트르가 마르크스주의와 대립하며 강하게 비판했던 것과 달리, 메를로 퐁티는 마르크스주의에 일정 부분 이해를 나타냈다. 그러나 이후 사르트르가 마르크스주의에 가까워지자 메를로 퐁티는 오히려 마르크스주의와 멀어진다.

1960년을 맞이할 즈음에는 사르트르와 메를로 퐁티 사이에 커다란 거리가 생겼다. 그때까지 메를로 퐁티는 사르트르의 그늘에 가려져 그다지 눈에 띄는 활동을 하지 않았지만, 그의 독자적인 철학과 행동이 주목을 받게 되었던 것이다.

그러나 안타깝게도 메를로 퐁티는 본격적인 철학을 펼치려던 때에 갑작스러운 죽음을 맞이했다. 그 무렵 집필 중이었던 『보이는 것과 보이지 않는 것』(1964)이 유고작이 되었다.

## 후설의 후기 사상에 주목

메를로 퐁티의 『보이는 것과 보이지 않는 것』을 이해하려면 이전 저서인 『지각의 현상학』(1945)을 봐야 한다. 이 책에서 메를로 퐁티는 당시 그다지 알려지지 않았던 후설의 후기 사상을 자신의 사상과 연결했다. 당시 후설의 현상학은 사르트르가 주목했던 중기 사상이 주로 알려져 있어, 지향성을 중심으로 한 의식의 능동성을 현상학의 핵심으로 여겨졌다.

그러나 메를로 퐁티는 **후기 후설 철학의 '생활 세계'(Lebenswelt)라는 개념을 '체험된 세계'(le monde vécu)라는 프랑스어로 표현하여, 이것이 과학에 의해 구성된 세계보다 근원적**이라고 생각했다. 이러한 근원적 세계에 대응하는 것이 하이데거의 '세계 내 존재'(In-der-Welt-sein)이다. 그는 이것을 수동적인 주체로 간주하고 '세계에 (내던져진) 존재'(Être au monde)라고 표현했다.

이처럼 메를로 퐁티는 '세계 내 존재'—'체험된 세계'의 관계를 바탕으로 지각적인 세계를 분석하는데, 이때 '신체'에 주목해 설명한다.

## 하이데거를 근거로 구상한 '살의 존재론'

메를로 퐁티의 사상은 『지각의 현상학』의 내용만으로도 사르트르와는 다른 독창성이 있었다. 하지만 유고가 된 『보이는 것과 보이지 않는 것』에는 그러한 생각을 한층 진전 시켜 전개하려는 의도가 명확하게 드러나 있다.

이전에는 신체에 착안해 수동적인 주체에 의한 체험된 세계가 그려졌다. 그런데 이 유고에서는 **'신체'는 '살'(chair)이라는 말로 표현되어 '세계 내 존재' 보다 '존재'가 중요한 테마로 부상**한다.

이러한 변화는 아마 하이데거의 후기 사상에 대응하는 형태로 구상되었을 것이다. 하이데거는 『존재와 시간』을 출판할 때 기본 개념으로서 '세계 내 존재'를 내세웠다. 그러나 이 구상은 저작 안에서 완성되지 못했고 이후에 '존재의 사상'을 적극적으로 이야기한다. 즉, '세계 내 존재'에 바탕을 둔 『존재와 시간』의 구상이 변경되었던 것이다.

그래서 하이데거의 '세계 내 존재'에 근거했던 메를로 퐁티의 초기 구상도 어쩔 수 없이 바뀌었을 것이다. 메를로 퐁티는 다음과 같이 말했다.

"『지각의 현상학』에서 제기된 여러 문제가 해결 불가능한 이유는 내가 '의식'—'객관'의 구별에서 출발했기 때문이다."

그리하여 메를로 퐁티는 『보이는 것과 보이지 않는 것』을 집필하기 시작했다. 그는 '…가 있다'(es gibt)라는 하이데거의 표현을 프랑스어(il y a…)로

바꾸어 '살의 존재론'을 구상하지만 『보이는 것과 보이지 않는 것』이 유고가

되며 완성하지 못했다.

**유고집이 된 이 책에서는 기존의 '세계 내 존재' 대신 '존재'가 중요 테마로 자리 잡았다.**

## 존 롤스

『정의론』, 가와모토 다카시 외 옮김, 기노쿠니야쇼텐.
『정의론』, 황경식 옮김, 이학사.

이 책은 현대까지 이어지는 '자유주의' 논쟁의 도화선이 된 동시에 철학의 중심지
가 프랑스와 독일에서 미국으로 이동하는 계기가 되었다.

미국의 정치 철학자. 1950년에 프린스턴대학에서 학위를 취득했다.
하버드대학에서 정치 철학·사회 철학을 가르쳤다. 『정의론』에서 기
본적 자유와 사회적 공정에 바탕을 둔 정의의 새로운 개념을 주장하
여, 이후 정치사상에 커다란 영향을 주었다.


## 사회민주주의로서의 '리버럴리즘'

현대 정치 철학에서 리버럴리즘(liberalism)을 둘러싼 논쟁은 대단히 중요한
의미가 있다. 논쟁의 도화선은 존 롤스(John Rawls, 1921~2022)가 1971년에
펴낸 『정의론』이다. 이 책을 통해 오랜 시간 침체했던 미국의 정치 철학은
활기를 띠기 시작했다. 그때까지 철학의 중심지는 프랑스나 독일이었지만,
롤스 이후에 미국으로 그 흐름이 옮겨갔던 것이다.

롤스가 주장했던 것은 '리버럴리즘'이지만, 이 용어는 주의해야 한다. 번
역하면 '자유주의'이지만, 미국에서 '리버럴리즘'은 '자유주의'의 이미지와는
거리가 멀다. 전통적으로 **약자를 구제하고 복지 정책을 펼치는 사회민주주
의 관점을 '리버럴리즘'이라고 하며, 롤스의 '리버럴리즘'도 이 전통을 따르**

**고 있다.**

그래서 롤스와 달리 개개인의 자유를 적극적으로 주장한 로버트 노직은 '리버럴리즘'과 구별하여 **'리버테리어니즘'**(libertarianism, 자유지상주의)을 주장했다. 그의 대표작이 『무정부, 국가, 그리고 유토피아』(1974)이다. 1970년 대에는 리버럴리즘과 리버테리어니즘 간에 논쟁이 치열하게 벌어졌다.

그 후 1980년대에는 리버럴리즘과 리버테리어니즘을 통틀어 '개인주의'로 간주하고, 국가나 커뮤니티와 같은 공동체의 관점을 강조하는 **'커뮤니테리어니즘'**(communitarianism, 공동체주의)을 주장하는 목소리가 높아진다. 한국에 번역 출간되어 베스트셀러가 된 책 『정의란 무엇인가』로 유명해진 미국의 철학자 마이클 샌델도 커뮤니테리어니즘을 주장하는 사람 중 하나다.

이처럼 20세기 후반 미국의 정치 이론은 롤스의 『정의론』을 기점으로 전개되어 왔음을 알 수 있다.

## 공적인 정의를 실현하는 '무지의 베일'

롤스는 『정의론』을 전개할 때 **다양성의 사실**이라고 하는 상황에서 시작한다. 사람들의 살아가는 방식은 다양하며, 개개인이 저마다 다른 '선한 삶'을 구상한다. 종교적 신념이나 도덕적 견해도 다르고, 때로는 대립하기도 한다. **이러한 개개인의 '선'의 다양성을 전제하면서 어떻게 '공정한 사회'를 만들 것인가. 다시 말해 어떻게 공공적 '정의'를 실현할 것인가.** 이것이 '리버럴리즘'의 근본적인 문제이다. 이 점에서는 롤스의 '리버럴리즘'도 역시 '자유주의'인 것이다.

공공의 정의를 실현하기 위해 롤스는 **'무지의 베일'**이라는 유명한 사고 실험을 제시했다. 이는 자신이나 타인에 관한 개인적인 정보를 보이지 않게 차단한 상태를 말한다.

　예를 들어 자신이 사회에서 어떤 지위에 있고, 자산이나 능력은 어느 정도인지 등의 정보를 무시하는 것이다. 왜냐하면 개인적인 정보를 고려하면 개인은 그에 맞는 유리한 선택을 하기 때문이다. 이러한 정보를 일절 고려하지 않고, 어떻게 행동하는 것이 합리적일까. 여기에서 롤스는 두 가지 원칙을 끌어냈다.

　첫 번째는 **'기본적인 자유'에 관한 원칙**으로, '자유가 모든 사람에게 평등하게 분배되어야 한다'고 선언한다. 롤스가 리버럴리즘에 서는 한, 이 원칙은 없애지 못할 것이다.

　하지만 그가 주장한 리버럴리즘의 특징은 **'차등의 원칙'**에서 잘 드러난다. 경제적으로 불평등한 사회에서 약자가 유리하도록 함으로써 불평등을 바로잡고자 한다.

　이렇게 롤스는 미국의 리버럴리즘 전통을 계승하면서 그 이론을 원칙적인 장면에서 새롭게 만들었던 것이다.


## 사상 전환을 선언한 『정치적 자유주의』

『정의론』이 발표된 후 작품에 대한 찬사도 많았지만 비판도 적지 않았다. 그래서 롤스는 『정의론』의 표현을 기회가 될 때마다 정정하고 이론을 수정했다. 하지만 이것이 새로운 문제로서 롤스에게 닥쳤다. **롤스 사상의 전환에 관한 문제**가 불거졌던 것이다.

　그는 1993년에 발표한 『정치적 자유주의』를 통해 사상 전환을 표명했다. 『정의론』에서 보편주의적 관점에서 연역적으로 논증하려고 했던 그가 『정치적 자유주의』에서는 역사적인 맥락주의를 내세웠다. 그 표현이 바로 **'중**

**첩적 합의**'라는 개념이다. 후에 롤스는 사람들이 다양한 선을 구상하면서도, 어떻게 합의에 이를 수 있는지 해명했다.

『정의론』과 『정치적 자유주의』의 사상 전환에 관해서는 다양한 견해가 제기되었다. 이는 롤스만의 문제가 아니라 리버럴리즘을 생각하는 사람들에게도 중대한 문제일 것이다.

---

**POINT**

**리버럴리즘의 근본 문제는 개인의 다양성을 전제로 하면서 '공정한 사회'를 실현하는 것이다.**

## 미셸 푸코

『광기의 역사』, 다무라 하지메 옮김, 신쵸샤.
『광기의 역사』, 이규현 옮김, 나남.

'구조주의' → '포스트구조주의' → '자기 이탈'로 사유 방식을 바꿔갔던 푸코. 이 책은 그의 원점이자 구조주의 철학으로서 주목을 받았다.

프랑스 철학자. 저서 『말과 사물』은 구조주의가 유행하던 시기에 널리 읽히며 구조주의의 선봉에 섰다. 하지만 푸코는 이후 구조주의를 강하게 비판하며 포스트구조주의자로 분류되었다. 1984년에 에이즈로 사망했다. 저서로는 『감옥의 탄생』, 『성의 역사』 등이 있다.

## 자신의 사상을 주저 없이 전환한 드문 철학자

프랑스의 현대 사상가 중에 미셸 푸코(Michel Foucault, 1926~1984)만큼 자신의 사유 방식을 바꾼 인물은 드물다.

푸코는 프랑스에서 구조주의가 유행하던 당시 그 중심인물로 주목받았지만, 유행이 시들해지자 곧바로 '구조주의'와 거리를 두었다. 이후에는 '포스트구조주의' 진영의 철학자로 간주되었다.

1976년 『성의 역사』의 제1권으로서 출간된 **『앎의 의지』**가 세계적인 성공을 거두며 포스트구조주의 '권력론'의 대표작이 되었다. 그러나 8년 뒤에 낸 제2권에서는 **'평소와는 다른 방식으로 사색하는 것'**을 표명하고 다시금 **'자기 이탈'**을 도모했다. 이렇듯 푸코는 인생의 결정적인 국면에서 자신의 사상을 주저 없이 바꿨던 것이다.

또한, 사상의 변천에 따라 다뤘던 주제도 다양하다. 초기에는 광기와 임상 의학을 다뤘고, 중기에는 말과 지식, 후기에는 감옥과 성 문제를 다뤘다. 언뜻 보면 주제에 관련성이 없고, 그때그때 관심사에 따른 것처럼 느껴진다.

그러나 그가 고찰한 시대를 주목하면 대부분 **공통적으로 '근대'**인 것을 알 수 있다. 푸코는 '근대'를 응시하며 근대가 어디로 나아가는지 연구했던 것이다.

## '구조주의'의 유행과 더불어 주목받다

따라서 푸코 철학을 이해하려면 고정적으로 생각해서는 안 되며, 어떤 관점의 사상이고, 어떤 주제를 다뤘는지를 유연하게 생각해야 한다.

1961년에 발표된 『광기의 역사』는 자기 이탈의 사상가로서 그의 출발점이 된 책이다.

원래 박사 논문으로 썼던 이 책은 일반적으로 구조주의의 유행과 더불어 구조주의 저작으로서 주목받았다. 『광기의 역사』는 어떤 점에서 구조주의로 받아들여졌을까.

『광기의 역사』의 원제는 '고전주의 시대의 광기의 역사'였다. 고전주의 시대는 17~18세기를 가리키며, 푸코는 그 이후를 '근대'라고 부른다. 그래서 푸코의 시대 구분을 정리하면 '중세 → 르네상스기 → 고전주의 시대 → 근대'가 된다. 이 시대 구분에 따라 푸코는 '광기의 역사'를 그려간다.

## '광기'에 대한 관용과 배제

우선 고전주의 시대 이전인 중세나 르네상스기 사회는 광기에 아주 관용적이었다. 광인은 거리를 자유롭게 돌아다닐 수 있었다.

그러나 고전주의 시대가 되면서 상황은 급변한다. 푸코가 **'대감금'이라고 부른 배제·감금의 시대가 시작된다.** 광인은 다른 사회부적응자(거동이 불편한 극빈자, 거지, 부랑자, 성병 환자, 풍기문란자 등)와 함께 격리 수용되었다.

이러한 고전주의 시대는 역사상으로는 '계몽의 시대'라고 불리며 '이성'에 대한 믿음이 확고했던 시대였다. 하지만 푸코에 따르면 이러한 '이성'의 지배는 '비이성'을 자신들 안에서 추방하고, 종속시킴으로써 성립한다. **'비이성'은 감금되고 침묵을 강요당한다.**

그렇다면 고전주의가 막을 내린 뒤 광인에 대한 배제도 끝났을까. 18세기 말에 프랑스 혁명이 일어나 광인들은 감금되었던 다른 사람들과 함께 해방된 것처럼 보였다. 그러나 실제로는 광인만 감금 시설에 수용되었다. 더불어 **광기는 인간 내면에 자리한 정신의 '병'으로 여겨져 이를 대상으로 한 '심리학'이 탄생**했다. 고전주의 시대 이후 근대에서 광기는 정신병으로서 심리학이 다루는 대상이 되었다.

푸코는 **광기를 오로지 그것만으로 이해하지 않고, 사회 전체 차원에서 배제와 포용의 관계로 파악**했던 것이다. 그리하여 『광기의 역사』는 대개 '구조론적 역사'로서 받아들여져 푸코를 구조주의 유행의 중심으로 이끌었다.

---

POINT

**시대에 따라 '광기'가 어떻게 다뤄졌는지를 사회 전체 차원에서 파악했다.**

# 자크 데리다

『글쓰기와 차이』, 고다 마사토·다니구치 히로시 옮김, 호세이대학 출판국.
『글쓰기와 차이』, 남수인 옮김, 동문선.

구조주의의 권위자 레비스트로스를 비판하여 주목을 받았던 무명의 철학자. 그가 내세운 철학은 대립 구조 그 자체를 극복하는 '탈구축'이다.

알제리 출생의 유대계 철학자. 서양 형이상학의 로고스중심주의의 탈구축을 주장하고, 구조주의 이후 인문사회과학의 광범위한 영역(문학·예술 이론, 언어론, 정치·법철학, 역사학, 건축론 외)에 지대한 영향을 미쳤다.

## 구조주의의 비판자

1966년 프랑스에서 구조주의가 절정을 맞이하던 무렵, 미국 대학에서 구조주의에 관한 심포지엄이 개최되었다. 당시 세계적으로는 아직 무명이었던 자크 데리다(Jacques Derrida, 1930~2004)가 구조주의의 거장인 레비스트로스를 비판하여 회의장에 커다란 충격을 던졌다.

심포지엄 1년 뒤 데리다는 세 가지 중요한 저작을 발표했다. 바로 『목소리와 현상』, 『글쓰기와 차이』, 『그라마톨로지』이다. 그때까지 데리다는 후설 현상학 연구자로 알려졌지만, 이 저작들을 계기로 구조주의 비판자로서 인정을 받았다.

**데리다의 등장과 함께 프랑스에서는 '구조주의'에서 '포스트구조주의'로**

**철학의 유행이 옮겨간다.** 다만 '포스트구조주의'라는 표현 자체는 데리다 본인이 사용한 것이 아니라, 미국의 저널리즘에서 사용하면서 세계적으로 퍼졌다.

데리다 철학의 특징을 말할 때 **'탈구축'**(déconstruction)이라는 개념이 자주 사용된다. 이는 원래 하이데거가 『존재와 시간』에서 '존재론적 해체'(Destruktion)라고 명명한 것을 프랑스어로 옮긴 것이다.

하이데거가 말한 '해체'는 완전히 '무로 덮는다'라는 것이 아니라, **현재 지배적인 전통의 유래를 해명하는 일이다.** 데리다도 '탈구축'을 생각할 때, 현재 지배적인 전통의 유래를 밝혀 그 지배를 근본적으로 해체하는 것을 의도하고 있다. 이때 중요한 것은 단순한 전복이 아닌, 새로운 설명이 필요하다는 점이다. 추상적 표현으로는 알기 어려우므로 구체적으로 이해해보자.

## 지배적인 질서를 뿌리부터 해체하는 '탈구축'

1967년에 발표한 세 권의 저작 중 『글쓰기와 차이』는 유일한 논문집이다. 그래서 이 책에서 데리다는 독특한 시점에서 다양한 철학자들을 해석한다. 책에는 푸코, 레비나스, 후설, 프로이트, 바타유, 레비스트로스 등이 등장한다. 특히 레비스트로스에 관한 이론은 전년도에 미국의 학회에서 발표해 화제가 되었던 논고이다.

다양한 사상가들을 다루지만, 데리다의 시점과 방법은 한결같다. 바로 앞에서 언급했던 '탈구축'이다. 그래서 이 책의 주제를 확인하면서 '탈구축'을 구체적으로 설명하고자 한다.

푸코와 레비스트로스에 대한 데리다의 견해를 이해하기 위해 문제의 장면을 살펴보자.

## 데리다 이전의 대립 구조

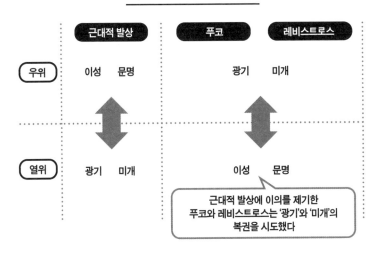

|  | 근대적 발상 | 푸코 | 레비스트로스 |
|---|---|---|---|
| 우위 | 이성    문명 | 광기    미개 |
| 열위 | 광기    미개 | 이성    문명 |

근대적 발상에 이의를 제기한
푸코와 레비스트로스는 '광기'와 '미개'의
복권을 시도했다

## 데리다의 '탈구축'

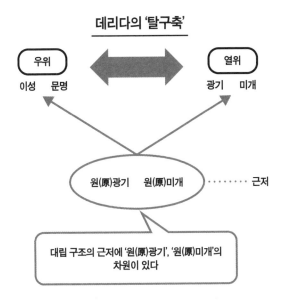

우위 — 열위

이성    문명          광기    미개

원(原)광기    원(原)미개 · · · · · · · 근저

대립 구조의 근저에 '원(原)광기', '원(原)미개'의
차원이 있다

푸코와 레비스트로스의 철학에서 기본적으로 대립하는 것은 서양적인 '이성'과 '문명', 그로부터 배제된 '광기'와 '미개'이다. 근대적 발상에서 이성과 문명은 우위에 있고, 광기와 미개는 열위에 있다. 푸코와 레비스트로스는 이러한 계급 질서에 이의를 제기하고, 광기와 미개의 복권을 도모하여 그 우위성을 주장했던 것으로 보인다.

하지만 데리다는 이러한 단순한 전복으로는 근대적 지배 질서를 근본적으로 비판할 수 없고, 오히려 그 지배하에 계속 놓인다고 보았다.

그래서 데리다는 **단순한 전복이 아닌, 지배 질서의 탈구축을 도모한다.** 그 방법은 기존 대립구조의 근저에 '원(原)○○○'와 같은 차원을 생각하는 것이다(173쪽 그림 참조).

예를 들면 푸코도 말했듯이 '이성'은 어떤 의미에서는 '광기'를 띠고 있고, 레비스트로스가 제시했듯이 미개한 사회도 고도의 수학을 통해 해명할 수 있는 지성을 갖추고 있다. 이로써 기존의 계층 질서뿐만 아니라, 단순한 전복까지 해체하여 대립 구조 자체를 극복하고자 한 것이다.

**POINT**

**'탈구축'은 대립 구조를 뒤집는 것이 아니라, 그 근저에 있는 차원을 생각한다.**

# CHAPTER 05

철학은 어디로
향하는가?

'현재와 미래'를 읽는 명저 10권

『의사소통 행위이론』 위르겐 하버마스

『언어적 전회』 리처드 로티

『자아의 원천들』 찰스 테일러

『제국』 안토니오 네그리 & 마이클 하트

『지구의 통찰』 J. 베어드 캘리콧

『냉소적 이성 비판』 페터 슬로터다이크

『이데올로기의 숭고한 대상』 슬라보예 지젝

『기술과 시간』 베르나르 스티글레르

『유한성 이후』 퀑탱 메이야수

『왜 세계는 존재하지 않는가』 마르쿠스 가브리엘

# 위르겐 하버마스

『의사소통 행위이론 상, 중, 하』, 가와카미 린이쓰 옮김, 미라이샤.
『의사소통행위 이론 1, 2』, 장춘익 옮김, 나남.

프랑크푸르트학파 제2세대인 하버마스는 제1세대의 근대적 이성을 비판하는 방향을 계승하면서도 '의사소통적 이성'이라는 모델을 내세웠다.

독일 출생. 프랑크푸르트사회연구소 아도르노의 조수가 되고 프랑크푸르트학파 제2세대로서 행보를 시작했다. 하이델베르크대학 교수, 프랑크푸르트대학 교수 등을 역임했다. 사회적·정치적 발언을 통해 독일 사상계를 이끌었다.


## 현재 세계에서 가장 이름이 알려진 철학자

현존하는 사상가 중 세계에서 가장 이름이 알려진 철학자는 독일의 위르겐 하버마스(Jürgen Habermas, 1929~)일 것이다. 세계 곳곳에서 열리는 강연마다 수많은 청중이 모여든다. 그는 이론적인 저작을 발표할 뿐만 아니라, 시사 문제에도 적극적으로 관여하여 양심적 지식인을 대표하는 철학자이기도 하다.

아도르노와 호르크하이머가 이끈 프랑크푸르트학파에서 제2세대를 형성하여 독일 국내뿐만 아니라 프랑스와 영국, 미국 철학자와도 적극적으로 교류했다. 하버마스를 다루기만 해도 현대 사상을 대략 그릴 수 있을 것이다.

하버마스의 철학은 다방면에 걸친 주제를 다뤄서 전체를 파악하기는 어렵지만, 핵심적인 생각은 의외로 알기 쉽다.

제1세대 이후 프랑크푸르트학파의 중심 주제는 근대를 어떻게 이해하는가였다. '근대적 합리성 내지는 이성의 본질은 무엇이며, 그것에 어떻게 관계할까'라는 문제이다. 아도르노와 호르크하이머는『계몽의 변증법』에서 근대적인 '계몽'을 이해하기 위해 그리스 신화까지 거슬러 올라가 규정했다.

그들에 따르면 '계몽'의 본질을 이루는 이성은 타자나 자연을 지배하는 도구적 이성이며, 단적으로 거부해야만 한다. 하지만 아도르노와 호르크하이머는 이것을 배제한 뒤 무엇이 필요한지 제시하지 못했다. 그때 제2세대인 하버마스가 근대적 이성 비판을 계승하면서도 적극적인 방향 설정을 주장했다. 그것이 **'의사소통적 이성'**이라는 모델이다.

하버마스에 따르면 아도르노와 호르크하이머가 비판했던 것은 실제로 이성 전체가 아닌, 오직 도구적 이성뿐이다. 그들은 이성을 도구적 이성과 동일하게 본 것이다. 하버마스는 이성에는 '도구적 이성'뿐만 아니라 '의사소통적 이성'도 있다고 보고, 이를 바탕으로 근대의 가능성을 구축하려고 했다.

하버마스는 아도르노와 호르크하이머처럼 근대를 부정적으로만 바라보지 않고 오히려 적극적인 의의를 찾아내려고 한다. **포스트모더니스트처럼 근대를 빠르게 청산하려 하지 않고 '미완의 프로젝트'로서 근대를 계승해야 한다**는 것이다.

## 의사소통에 의한 패러다임 전환

이러한 시점에서 하버마스가 자신의 이론을 정리한 대작이『의사소통 행위

이론』(1981)이다. 그는 왜 '의사소통'에 착안했을까.

그 이유는 **'주체 중심적 이성에서 대화적 이성으로 패러다임의 전환'을 지향**했기 때문이다. 하버마스에 따르면 도구적 이성의 패러다임은 '고독하게 인식하고 행위하는 주체'가 객체에 어떻게 관계하는지에 관한 시점에서 전개된다. 그에 비해 '의사소통'은 '상대를 서로 인정하는 상호주체적 관계의 패러다임'이어서 새로운 이론이 필요하다.

이 두 가지를 하버마스는 **'성과지향적 행위'**와 **'이해지향적 행위'**의 차이로 설명한다. 성과지향적 행위란 자신의 목적 실현을 위해 자연과 사물, 다른 사람들을 조작하고 지배하는 일이다. 자연과 사물에 대해서는 '도구적 이성', 타인에 대해서는 '전략적 행위'라고 한다. 그와 달리 타인과 서로 이해를 구하며 행동하는 것을 '이해지향적 행위'라고 한다. 그림으로 나타내면 다음과 같다.

## '성과지향적 행위'와 '이해지향적 행위'

| 행위 | 성과지향적 | 이해지향적 |
|---|---|---|
| 사물에 대해 | 도구적 행위 | |
| 사람에 대해 | 전략적 행위 | 의사소통 행위 |

➡ '이해지향적 행위'는 타인과 서로 이해를 구하며 행동하는 것

## 의사소통의 두 단계

의사소통 행위에 근거해 사회를 어떻게 바꿔나갈까. 하버마스는 이것을 단계를 나눠 설명한다.

하나는 일상생활에서 특별히 의식하지 않고 다른 사람과 의사소통을 하는 장면이다. 이때 특별한 문제가 생기지 않는 한 의사소통은 진행된다. 그런데 일단 문제가 발생하면 의논이 시작되고 그 근거를 묻게 된다. 이것을 하버마스는 '토의'라고 불렀다. 따라서 **하버마스는 의사소통을 '행위'와 '토의'의 두 단계로 생각했다.**

이러한 의사소통 행위는 어디에서나 발생한다. 예를 들어 상사가 여직원에게 차를 내오라고 요구한다면 이것이 과연 타당한 일인지 의심이 들 것이다. 그때 상사에게 자신이 왜 차를 내가야 하는지 물어볼 수 있다. 여기서부터 서로의 논거에 대해 토의가 가능한 것이다. 이 토의는 참가자들이 자유롭고 평등한 조건 하에서 이루어져야 한다. 그렇지 않으면 '갑질'이라는 낙인이 찍힐지도 모른다.

이러한 이론은 어쩌면 이상주의처럼 보일 수도 있다. 하지만 하버마스의 주장을 간단히 부정하기는 어려울 것이다.

POINT

**사회를 바꾸기 위해서는 의사소통에서 '토의'가 열쇠가 된다.**

## 리처드 로티

『언어적 전회』 국내 미출간

미국의 프래그머티즘을 부활시키고 '네오 프래그머티즘'을 주장한 로티. 그의 이름이 세상에 널리 알려지게 된 혁명적 사상이 '언어적 전회'이다.

1931년생으로 20세기 영미권을 대표하는 철학자. 시카고대학 졸업. 1979년 『철학과 자연의 거울』에서 포스트 '철학'적 시대의 도래를 예고하여 충격을 주었다. 정치, 경제학, 사회학 등 폭넓은 분야에서 발언하며 커다란 영향력을 미쳤다.

## '네오 프래그머티즘'의 창시자

미국에서는 20세기 전후에 프래그머티즘이 확립하여 한때 미국 고유의 사상으로까지 여겨졌다. 하지만 유럽의 분석 철학자들이 나치즘을 피해 미국으로 망명하면서 1950년대에는 프래그머티즘에서 분석 철학으로 그 흐름이 바뀌었다.

이러한 상황에 놓여 있던 1970년대 말, **프래그머티즘을 부활시키고 분석 철학의 새로운 흐름과 연결**한 사람이 리처드 로티(Richard Rorty, 1931~2007)이다. 그의 철학은 이전의 프래그머티즘과 구별하여 '네오 프래그머티즘'이라고 불린다.

로티는 다양한 분야에 해박한 지식이 있었다. 그리스 시대부터 현대까지의 역사를 망라하고, 철학은 물론 과학·예술·문학·종교·정치 등에도 관심을 보여 미국뿐만 아니라 전 세계 사상가들과 논쟁을 벌였다. 분석 철학의 전통에서 교육을 받았지만, 헤겔이나 마르크스, 니체, 하이데거에도 조예가 깊어 푸코나 데리다와 같은 포스트구조주의자와도 적극적으로 대화했다.

로티가 1979년에 발표한 『철학과 자연의 거울』은 미국 국내뿐만 아니라 세계적으로 센세이셔널한 반향을 불러일으키며 그의 이름을 널리 알리는 계기가 되었다. 이 책에서 **로티는 데카르트와 로크에서 시작되는 근대 철학의 전통을 '지식론'이라고 부르며 이를 대신할 혁명이 오늘날 필요하다**고 역설했다. 그 혁명이 '**언어적 전회**'라고 하는 것이다.

그렇다면 '언어적 전회'를 어떻게 이해하면 될까.

## 언어의 개혁과 이해가 철학의 여러 문제를 해결한다

'언어적 전회'는 로티가 1967년에 편집한 논문집 『언어적 전회』에서 쓴 용어다. 로티는 분석 철학의 중요한 논문을 모아 출판했을 때 장문의 서론을 통해 논문들의 의의를 '언어적 전회'로서 특징지었다. 그런데 이 말은 **원래 구스타프 베르그만이 이야기한 것을 로티가 차용**했던 것이다.

'언어적 전회'는 로티가 사용하면서 전 세계에 널리 보급되었다. 심지어 점차 그가 이야기한 맥락에서 벗어나 퍼져나갔다.

로티 자신은 20세기 시작과 함께 성립한 분석 철학의 특징을 나타내고자 '언어적 전회'라고 불렀다. 그러나 이 말이 일반적으로 쓰이면서 분석 철학뿐만 아니라, **20세기 철학 전체 경향을 가리키는 말이 되었다.** 이러한 확장에는 주의해야 한다.

로티가 기본적으로 이 말을 사용하는 방식은 '**언어를 개혁함으로써 또는**

우리가 현재 사용하는 언어를 한층 이해함으로써, 철학의 여러 문제는 해결 내지 해소될 수 있다는 견해'를 상정하고 있다.

그에 따르면 플라톤이나 아리스토텔레스 이후 철학자들은 '언어의 매개 없이' 직접적인 형태로 사물에 다가가 지식을 획득할 수 있다고 여겼다. 로티는 이러한 문제 설정이 인식론에서 어떻게 혼란을 낳는지 철저하게 밝혔던 것이다.

간략하게 말하면, 분석 철학은 당초 '이상 언어'를 모델로 한 논리실증주의로 시작되었다. 하지만 이후 '이상 언어' 모델의 한계를 자각하면서 '일상 언어' 분석으로 옮겨갔다. 이처럼 이상에서 일상으로의 변화가 있다고 해도, **언어의 문제가 중심인 것은 바뀌지 않는다.**

## 20세기의 철학적 조류를 낳다

분석 철학의 흐름과는 별도로 20세기 철학 운동 자체를 '언어적 전회'라고 부르기도 한다.

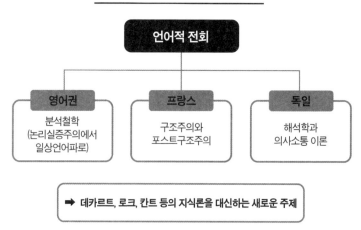

**20세기 철학에서의 '언어적 전회'**

이러한 사용 방식은 논문집 『언어적 전회』에서 벗어나 있지만, 로티의 철학을 보면 반드시 부적절하다고는 할 수 없을 것이다. 왜냐하면 로티는 **근대적인 '지식론·인식론' 철학에 대해 20세기의 철학 전체를 '언어적 전회'의 시점에서 이해**하기 때문이다.

예를 들면 프랑스에서는 '구조주의'나 '포스트구조주의'가 소쉬르와 야콥슨의 언어학 영향을 받았고, 독일에서 전개된 가다머의 '해석학'이나 하버마스의 '의사소통 이론'도 넓은 의미에서 '언어적 전회'라고 표현할 수 있다. **20세기 철학의 주요한 흐름은 '언어적 전회'로 발생했다.**

**POINT**

**철학의 여러 문제는 언어를 개혁 또는 한층 이해함으로써 해결할 수 있다.**

『자아의 원천들』 *Sources of the Self* 1989

## 찰스 테일러

『자아의 원천들』, 시모카와 기요시 외 옮김, 나고야대학출판회.
『자아의 원천들』, 권기돈·하주영 옮김, 새물결.

테일러는 리버럴리즘을 비판하고 '커뮤니테리어니즘'(공동체주의)을 내세우며 '자아'나 '주체'와 같은 '근대적 정체성'의 유래에 주목했다.

캐나다 몬트리올 출생. 맥길대학에서 역사학, 옥스퍼드대학에서 철학을 공부하고, 옥스퍼드대학 교수 등을 역임했다. 1950년대 후반에는 신좌파 제1세대로서 활약했다. 커뮤니테리어니즘 사상가로 알려졌다.

## 인간의 능력은 사회의 '인정'으로 꽃핀다

1970년대 미국의 정치사상을 둘러싼 논쟁은 주로 리버럴리즘과 리버테리어니즘(자유지상주의) 사이에서 이루어졌다. 그런데 **1980년대에 '커뮤니테리어니즘'(공동체주의)이 등장하여 양쪽을 강하게 비판하기 시작했다.** 그중한 사람이 찰스 테일러(Charles Taylor, 1931~)이다.

1970년대에 헤겔의 연구서를 냈던 테일러는 헤겔의 발상을 독자적으로 발전시킨 커뮤니테리어니즘을 주장했다.

테일러에 따르면 리버테리어니즘도 포함한 넓은 의미의 리버럴리즘은 사회적인 아토미즘[10]을 전제로 한다. 이것은 '인간이 혼자서도 자족할 수 있

---

10) 세계의 모든 사상을 원자의 운동으로 설명하는 학설. — 옮긴이

음을 긍정하는 견해'이다. 그러나 테일러는 **인간이 '사회적 동물'이며, 인간에게 걸맞은 능력은 사회 안에서만 꽃피울 수 있다**고 생각했다. 이 견해에 따라 테일러는 헤겔에게 물려받은 **'인정' 개념**을 높이 평가한다.

테일러는 헤겔이 『정신현상학』에서 제시했던 '인정' 개념을 미드의 프래그머티즘을 참고하면서 의미를 확장해 **개인의 정체성은 사회적 인정으로 형성된다**고 이해했다. 개인이 자신의 정체성이나 개성을 발전시키려면 반드시 타자의 인정이 필요하다. 이러한 인정을 부여하는 것이 다양한 공동체이다. 그러나 근대 사회는 이러한 사회적인 유대를 끊어버리고 개개인이 마치 독립적으로 존재한다고 여겼다.

또한, 테일러의 철학은 1990년대에 다문화주의(multiculturalism, 멀티컬추럴리즘)로 나아간다. 캐나다 출신인 그는 젊은 시절부터 다문화주의 문제에 친숙했다. 그 문제를 '인정' 개념으로 해명했던 것이다. 테일러는 **각각**

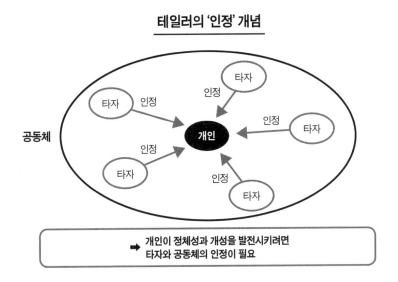

### 테일러의 '인정' 개념

공동체

타자 → 인정 → 개인
타자 → 인정 → 개인
타자 → 인정 → 개인
타자 → 인정 → 개인
타자 → 인정 → 개인

➡ 개인이 정체성과 개성을 발전시키려면
타자와 공동체의 인정이 필요

의 문화적 공동체를 존중하고, 상호 간 차이를 인정하는 '인정의 정치'를 주장했다.

## 리버럴리즘 비판

테일러는 『헤겔』(1975)을 출판하고 헤겔 연구자로서 인정받았으나, 일반적으로 그의 이름이 알려진 계기는 1980년대에 전개된 **리버럴리즘·커뮤니테리어니즘' 논쟁**이라고 할 수 있다. 이 논쟁 이후 테일러는 자신의 철학을 대표하는 『자아의 원천들』(1989)을 발표했다. 따라서 테일러의 철학적 견해를 이해하려면 이 책을 읽어야 한다.

테일러는 리버럴리즘을 비판할 때, 리버럴리즘이 개인을 사회적 관계에서 분리하는 '사회적 아토미즘'이라고 규정했다. 『자아의 원천들』에서는 이러한 견해가 역사적으로 어떻게 생겨났는지 상세하게 짚어간다. 그래서 이 책의 부제는 '근대적 정체성의 형성'이다. 즉, 테일러의 과제는 **'자아'와 '주체'와 같은 '근대적 정체성'이 어떻게 생겨나고, 근대부터 현대에 이르기까지 어떻게 영향을 주는지** 밝히는 것이었다.

테일러에 따르면 '근대라는 시대는 위대함과 위험함 또는 영광과 비참함이 독특한 방식으로 결합한 것이 특징'이다. 이것을 밝히기 위해 그는 **자아에 관한 근대적 이해**에 초점을 맞춰 접근한다. 이 책에서는 근대적 아이덴티티의 세 가지 특징을 지적했다.

## '근대적 정체성'의 세 가지 특징

첫 번째는 **'근대인의 내면성'**이다. 이는 '자신이 내면적인 깊이를 지닌 존재라는 감각'이라고 설명한다. 두 번째는 **'일상적 생활의 긍정'**이다. 이는 근대 초기부터 전개했던 것이다. 세 번째는 **'자연에 대한 표현주의적 관점'**이다. 이는 '자연을 내적인 도덕의 원천으로서 이해하는 것'이다.

주목할 것은 테일러가 이 세 가지 특징을 다른 시대에서 풀어간다는 점이다. 첫 번째는 아우구스티누스에서, 두 번째는 종교개혁에서, 세 번째는 18세기 말에서 가져오는 식이다.

이러한 근대적 정체성의 역사적 전개를 밟아가면서 테일러는 무엇을 드러내고자 했을까.

그에 따르면 리버럴리즘을 포함해 '오늘날 지배적인 여러 도덕 철학'은 사회적인 맥락에서 '거리를 둔 이성'에 근거하여 정체성과 '선'의 연결을 불투명하게 한다. 그리하여 개인의 선의 선택이 독립적으로 존재하는 원자의 자유로운 행위처럼 보인다. 하지만 근대적 정체성의 역사를 되짚으면 전혀 다르게 이해할 수 있지 않을까. 『자아의 원천들』은 방대한 저작이므로 전체를 읽기에는 상당히 어려울 수도 있다. 그럴 때는 핵심을 정리한 『**진정성의 윤리**』(1992)를 읽어보기를 추천한다.

---

POINT

**자아를 '선'과 연결된 것으로 이해하여 '근대적 정체성'을 밝혔다.**

## 안토니오 네그리 & 마이클 하트

『제국』, 미즈시마 가즈노리 외 옮김, 이분샤.
『제국』, 윤수종 옮김, 이학사.

'현대판 공산당선언'이라는 평가를 받은 『제국』. 과거의 제국주의와 달리 '제국'은 자본주의의 글로벌한 세계 질서 자체이다. 제국의 대항마가 되는 것은 무엇일까?

**네그리** 1933년 이탈리아 출생. 마르크스와 스피노자 연구로 알려졌다. 1979년 노동운동에 대한 탄압이 높아진 가운데, 테러리스트 의혹을 받고 체포·투옥되었다. 1983년에 프랑스로 망명했다.
**하트** 미국 철학자. 파리제8대학에서 당시 프랑스에 망명 중인 네그리에게 사사했다. 네그리의 스피노자론 『야만적 별종』을 영어로 번역하고, 네그리와 공저 『디오니소스의 노동』을 출간했다.

### '9·11 테러'를 예언했던 책

이탈리아의 마르크스주의 철학자 안토니오 네그리(Antonio Negri, 1933~)는 신념이 확고한 운동가이다. 그러나 테러 조직과 관계가 있다는 의혹을 받고 체포된 적이 있으며, 2008년에는 강연을 위해 일본을 방문할 예정이었으나 사실상 입국을 거부당했다.

프랑스의 현대철학자 들뢰즈와 가타리와도 친분이 있으며 사상적으로 깊은 영향을 받았다. 젊은 시절에 펴낸 **『야만적 별종』**은 스피노자의 신학 정치론을 혁명적인 관점에서 재해석한 책이다. 이러한 관점은 이후에 발표한 『제국』(2000)에서도 계승되었다.

미국의 철학자 마이클 하트(Michael Hardt, 1960~)는 네그리의 철학을 영미권에 알리는 데 중요한 역할을 해왔다. 그는 젊은 시절 들뢰즈의 연구서를 출판하여 무명 철학자는 아니었지만, 철학계에서 각광을 받기 시작한 것은 역시 네그리와의 공저 『제국』을 낸 이후였다.

네그리와 하트가 2000년에 발표한 『제국』은 슬로베니아 철학자인 지젝이 물음표와 함께 '현대판 공산당선언?'이라고 평가해 화제가 되었다. 또한, **2001년에 미국에서 동시다발테러가 발생했을 때 『제국』은 예언서로 받아들여져 세계적인 베스트셀러가 되었다.** 후속편으로 두 사람은 『다중』(2004)과 『공통체』(2009)를 공저로 출판했다.

## '제국'은 영토에 야심이 없다

『제국』이 세계적으로 유행한 이유는 오늘날의 세계 전반을 파악하고 미래를 향한 실천 과제를 제시했기 때문이다. 그때까지 정체 상태였던 좌익 진영에 미래의 전망을 이야기했다. 그 전망이란 무엇이었을까.

『제국』의 기본 발상은 이제 **자본주의가 '제국'의 단계에 이르렀다**고 본 것이다. 1세기 정도 전에 러시아의 레닌이 쓴 『제국주의』는 20세기 초 자본주의 상황을 그렸지만, 21세기인 지금 자본주의는 새로운 단계에 도달했다. 과거의 제국주의에서 '제국'으로 이행한 것이다. 그렇다면 '제국'은 제국주의와 어떻게 다를까.

네그리와 하트가 이야기하는 '제국'은 20세기 후반 글로벌화의 발전을 염두에 두고 있다. 글로벌화가 과거의 제국주의와 다른 점은 **사람·물자·돈이 전 세계로 이동해도 영토에 야심을 갖지 않는다는 점**이다. 제국주의는 식민지의 영토를 지배하고, 제국주의 국가들은 영토를 둘러싸고 대립했다. 그에 비해 현대의 글로벌한 '제국'은 영토를 추구하지 않는다. 사람·물자·돈이 움직이기만 한다면 영토에 야심을 갖지 않는다.

네그리와 하트가 이러한 글로벌한 과정을 '제국'이라고 말했을 때, 많은 독자가 '제국'이 무엇을 의미하는지 다소 혼란스러워했다. 출판 당시 미국이 세계의 경찰 역할을 자처하며 전 세계에서 '테러와의 전쟁'을 외치고 있었기 때문에 '제국'=미국이라고 이해하기도 했다. 그러나 네그리와 하트는 그러한 해석을 일축했다. **'제국'은 구체적인 국가가 아닌, 글로벌한 세계 질서 그 자체**이기 때문이다.

## '제국' VS. '다중'

그렇다면 『제국』은 실천적으로 무엇을 지향할까.

네그리와 하트는 '다중'이라는 개념을 내세우며 '제국'에 대항하는 세력을 그려내고자 했다. 즉, '제국' vs. '다중'이 기본적인 대립축이 되었다. '다중'은 '다수' 또는 '민중'과 같은 의미이며, **기존의 '프롤레타리아트'(노동자)를 대신하는 존재**로서 제기되었다. 현대의 글로벌화에 대항하는 세력은 프롤레타리아트가 아니라 다중이라고 생각했다.

현대의 자본주의를 이해하기 위해 두 사람이 내세운 '제국'과 '다중'이라는 개념은 과연 얼마나 유효할까.

---

POINT

**'제국'이란 전 세계에 사람·물자·돈이 이동하는 글로벌한 세계 질서를 말한다.**

# J. 베어드 캘리콧

『지구의 통찰』, 야마우치 도모사부로·무라카미 야요이 옮김, 미스즈쇼보.
『지구의 통찰』 국내 미출간.

'환경윤리학의 창시자'로 알려진 캘리콧. 환경보호주의 관점에서 과격한 주장을
거듭하는 한편, 세계가 직면한 환경 문제에 많은 시사점을 주고 있다.

미국의 환경윤리학자. 1971년에 시러큐스대학 철학박사학위를 취
득했다. 위스콘신대학 스티븐스 포인트 캠퍼스에서 세계 최초로 환
경윤리학 강좌를 열고, 1979년에 이 분야의 전문지를 발행했다. 환
경윤리학의 창시자라는 평가를 받는다.

## '에코파시즘'이라는 비판

J. 베어드 캘리콧(J. Baird Callicott, 1941~)은 미국에서 환경보호주의가 활발해
지기 시작한 1970년대에 이론적 지주가 된 철학자이다. 인간에 대한 윤리적
관계를 넘어 환경에 어떻게 관계하는 것이 윤리적인가를 문제 삼아 **환경윤
리학의 창시자**로 주목받았다.

캘리콧은 **'생태중심주의'를 표방하여 인간중심주의를 강하게 비판**했다.
원래 '생태학'(에콜로지)이라는 말은 19세기 생물학자 헤켈이 '생물 주변의 생
물학적, 비생물학적 환경과의 관계를 조사하는 학문'이라는 뜻으로 썼다. 에
콜로지의 대상은 생물과 그것을 둘러싼 자연환경 전체였다. 즉, 개개의 것
보다 전체를 우선하는 '전체주의'가 기본적인 입장이 되었다.

그래서 캘리콧의 생태중심주의는 종종 '에코파시즘'이라는 비난을 받았다. 실제로 그는 **'인간이나 뱀처럼 희소한 종이냐처럼, 한쪽을 선택해야 하는'** 상황에서는 주저 없이 인간을 죽여야 한다고 주장한 적이 있다. 왜냐하면 "생태계의 유기적 전체성이라는 관점에서 보면 멸종 위기종인 개체의 생명은 (중략) 많은 인구의 인간(호모사피엔스)이라는 종보다 귀중하다"는 것이다.

이러한 캘리콧의 발언은 환경보호주의의 과격한 주장으로서 자주 다뤄지며 비판받았다. 하지만 **지구 전체의 관점에서 보면 인간중심주의는 인간의 에고이즘처럼 보이기 때문에 그의 주장에 공감하는 사람도 적지 않다.**

## '재구축주의의 포스트모더니즘'의 관점

1994년 캘리콧이 넓은 관점에서 자신의 환경 철학을 펼친 저서가 『지구의 통찰』이다. 이 책에서 그는 환경 철학의 의의를 문명론적 관점에서 역사적으로 평가했다.

1970년대부터 시작된 환경 철학은 노르웨이의 철학자 아르네 네스의 '딥에콜로지'(심층 생태학)이론처럼 근대에 대한 근본적인 비판을 전개했다. 캘리콧은 그러한 역사 인식을 보다 명확한 형태로 제시했다.

그에 따르면 탐구해야 할 환경 철학은 근대적 사고를 넘어서는 포스트모더니즘이다. 여기에는 주의가 필요하다. 포스트모더니즘에는 두 가지 형태가 있기 때문이다. 그는 '탈구축주의 포스트모더니즘'은 허무주의적이고 냉소적이라고 배제하지만, **'재구축주의 포스트모더니즘'은 적극적으로 받아들여** 다음과 같이 설명한다.

"재구축주의 포스트모더니즘은 창조적이고 낙관주의적이다. 이것이 지향하는 목표는, 전통적인 근대 과학은 이제 죽었으므로 이를 바탕에 둔 노후화된 근대 세계관의 잔재와 흔적을 일소하는 것이다. 나아가 근대 과학을 대신하여 '신물리학'(상대성 이론과 양자역학)과 '신생물학'(진화론과 생태학)을 기초로 한 세계관의 재건을 지향한다."

## 근대 과학을 뛰어넘는 환경보호주의

이 문장을 읽으면 캘리콧이 환경 철학을 구상하면서 어떠한 대립 구조를 생각했는지가 분명해질 것이다. **환경 파괴를 낳았던 '근대 과학과 그에 기반한 근대적 세계관', 환경보호주의를 지향하는 '포스트모던 과학(신물리학과 신생물학)과 이에 기반한 포스트모던 세계관'이 대립하는 구조다.** 이처럼 캘리콧은 환경보호주의 운동을 근대 과학과 세계관을 뛰어넘는 것으로 이해했다.

20세기 후반에 시작된 환경보호운동을 사회 활동으로서 이해할 뿐만 아니라 근대 전체를 되묻고, 근대 세계의 대안으로 제시한 일은 철학적으로 대단히 큰 주제를 포함하고 있다. 하지만 딥 에콜로지처럼 근대를 뛰어넘으려던 것이 반근대주의에 빠져버릴 위험성도 있다.

재구축주의적 포스트모더니즘은 얼마나 구체적인 정책이나 이론을 제시할 수 있을까. 20세기 말에 유행이 끝난 '탈구축주의적 포스트모더니즘'처럼 되지 않으려면 **환경보호주의도 슬로건이나 행동뿐만 아니라, 현실에 유효한 이론을 형성할 필요가 있다.**

**POINT**

**'재구축주의적 포스트모더니즘'은 환경보호운동을 통해 근대 전체를 되묻는 것.**

## 페터 슬로터다이크

『냉소적 이성 비판』, 다카다 다마키 옮김, 미네르바쇼보.
『냉소적 이성 비판 1』, 이진우 옮김, 에코리브르. (국내에는 일부분만 번역 출간)

이 책으로 독일에서 단숨에 각광을 받으며 새로운 세대의 등장을 알린 슬로터다이크. 그가 밝혀낸 '냉소적 이성'이란 무엇일까?

독일 카를스루에에서 태어났다. 철학자, 방송 프로그램 사회자, 문화 연구가 전문 분야인 사회학자, 수필가이기도 하다. 카를스루에조형대학 학장 겸 교수로서 철학 및 미디어 이론 강의를 담당하며, 파리와 뉴욕 등에서도 객원 강사로 활동하고 있다.

## 독일 프랑크푸르트학파를 맹렬하게 비판

프랑크푸르트학파의 영향이 강했던 20세기 후반 독일에서는 제2세대인 하버마스가 모던파로서 논단을 장악하고 있었다. 프랑스와 미국의 포스트모더니즘, 독일의 모던파가 대립하는 구도가 계속되었다.

이처럼 **프랑크푸르트학파가 지배하던 독일에서 새로운 바람을 일으킨 사람**이 페터 슬로터다이크(Peter Sloterdijk, 1947~)이다. 그는 제2차 세계대전 이후 세대로서 카를스루에조형대학 학장으로 근무하면서도 방송 프로그램 사회를 맡는 등 미디어에 자주 등장하는 새로운 유형의 철학자다.

슬로터다이크는 철학뿐만 아니라, 사회학과 문학, 역사학에도 조예가 깊어 다양한 학문을 아우르는 활동을 하고 있다.

그의 이름은 1983년에 발표한 『냉소적 이성 비판』을 통해 단숨에 알려졌다. 세계적으로 유행하던 포스트모던 철학을 따르면서도 독일에서 새로운 세대의 등장을 알렸던 것이다.

『냉소적 이성 비판』 이후 하버마스를 중심으로 한 프랑크푸르트학파에 대한 슬로터다이크의 비판은 거세지는 동시에 사회에 널리 퍼져나갔다. 그 결과 21세기를 맞이하면서 **프랑크푸르트학파는 독일뿐만 아니라 전 세계에서도 쇠락**하였다.

## 비판적 태도를 나타낸 '키니시즘'

이 책의 제목에서 칸트의 『순수이성비판』이나 딜타이의 「역사 이성 비판」, 사르트르의 『변증법적 이성 비판』 등을 떠올리는 사람이 많을 것이다.

무엇을 비판(여기서는 '분석한다'라는 의미)하느냐에 따라 저마다의 특징이 나타난다. 칸트는 '순수 이성'을 문제 삼았지만, 슬로터다이크는 **'냉소적 이성'을 밝히고자 했다.** 그렇다면 '냉소적 이성'이란 무엇일까.

지금도 '냉소적'(cynical)이라는 단어는 비꼬는 태도를 나타내는 표현으로 '조소적'으로 번역되기도 한다. 원래 이 말은 고대 그리스의 '키니코스 학파'에서 유래했다. 키니코스 학파의 대표적 인물인 디오게네스는 권위와 권력을 엄격하게 비판했던 철학자로 알려져 있다. 키니코스 학파의 비판적인 태도가 대중에게는 '냉소적'으로 들렸던 것이다.

그러나 슬로터다이크는 **키니코스 학파의 비판적 태도를 '키니시즘'(kyni-cism)이라고 부르며** 고대 로마의 루키아노스[11]와 같은 '시니시즘'(cynicism)

---

11) 그리스 풍자 작가. ― 옮긴이

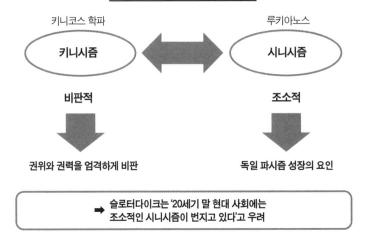

**'냉소적 이성'이란 무엇인가?**

키니코스 학파 / 키니시즘 ⟷ 루키아노스 / 시니시즘

비판적 / 조소적

권위와 권력을 엄격하게 비판 / 독일 파시즘 성장의 요인

➡ 슬로터다이크는 '20세기 말 현대 사회에는 조소적인 시니시즘이 번지고 있다'고 우려

**과 구별**했다. 비판적인 키니시즘마저도 비웃는 것이 '시니시즘'이라는 것이다. 그렇다면 그는 어째서 비판적인 '키니시즘'과 조소적인 '시니시즘'을 구별했을까.

## '시니시즘'의 만연이 파시즘을 키웠다

슬로터다이크가 두 가지를 구별한 것은 현대 사회에 대한 이해에서 비롯되었다. 그에 따르면 파시즘이 독일에서 부상한 까닭은 사회에 시니시즘이 만연했기 때문이다. 그런데 **20세기 말 현대 사회는 비판적인 키니시즘이 아닌, 조소적인 시니시즘이 양성되고 있지 않은가.**

『냉소적 이성 비판』에서 슬로터다이크는 이렇게 강조한다. 이로써 그리스 로마 시대의 철학적 풍조가 현대 문제와 직결하는 것이다.

『냉소적 이성 비판』을 발표한 뒤 슬로터다이크는 프랑크푸르트학파와 한

층 대립하게 되었고, 포스트모던적인 글을 여러 편 발표했다. 하버마스가 근대적인 '계몽적 이성 비판'을 시도했다면 **슬로터다이크는 포스트모던적인 '냉소적 이성 비판'을 수행**했다고 할 수 있다.

**비판적인 '키니시즘'과 조소적인 '시니시즘'은 구별하여 생각해야 한다.**

## 슬라보예 지젝

『이데올로기의 숭고한 대상』, 스즈키 아키라 옮김, 가와데문고.
『이데올로기의 숭고한 대상』, 이수련 옮김, 새물결.

현대 철학계를 견인하는 지젝을 전 세계에 알린 대표작. 라캉의 정신분석이론과
헤겔 철학을 통해 이데올로기의 '환각'을 밝힌다.

라캉의 후계자인 자크 알랭 밀러에게 정신분석학을 배웠다. 그는 철
학과 정신분석뿐만 아니라, 영화와 예술, 나아가 정치 운동까지 광범
위한 분야에 관심을 두고 지식의 최전선에서 활약하고 있다. 슬로베
니아가 자랑하는 세계적인 지식인이다.

## 현대 사상의 '슈퍼스타'

옛 유고슬라비아의 슬로베니아 출신 슬라보예 지젝(Slavoj Žižek, 1949~)은 프
랑스의 구조주의자와 포스트구조주의자들이 사망한 이후 현대 사상의 이
른바 슈퍼스타가 되었다. 그의 많은 저서가 영어로 출판되었고, 한국과 일
본에서도 여러 번역서가 나왔다. 현대 사상에 관심이 있는 사람 중에 그의
이름을 모르는 사람은 드물 것이다.

　지젝의 특징은 **유례가 없을 정도로 풍부한 화제와 속도감 있는 전개**다. 이
야기가 차례차례 전환하여 헤겔 철학을 이야기하는가 싶다가도, 라캉의 정
신분석을 다루고, 또 할리우드 영화를 이야기하다가 외설적인 농담을 던지
고 즐거워한다. 그래서 그는 **'지난 수십 년간 유럽에서 탄생한 사람 중 가장**

뛰어난 정신 분석과 문화 분석을 보여준 해설자'라는 평가를 받기도 했다.

사상가로서 지젝을 한마디로 표현하면 '포스트모던 시대의 코뮤니스트'라고 말할 수 있다. 그는 보통의 공산주의자와 달리, 라캉을 비롯해 푸코, 데리다, 들뢰즈와 같은 프랑스 포스트구조주의에 조예가 깊으며, 포스트모던적 현대 사상에도 해박하다.

게다가 그러한 사상을 할리우드 영화와 같은 서브컬처를 통해 해설한다. 그래서 그의 주장은 겉으로 보기에 포스트모더니즘 같지만, **이야기의 핵심에는 코뮤니스트의 심장이 있다.**

지젝이 1989년에 영어로 처음 발표한 저서가『이데올로기의 숭고한 대상』이다. 이 책으로 그는 세계적으로 이름을 알렸고, 이후에 현대 사상계를 이끌고 있다. 그런 의미에서 지젝의 대표작이라고 할 수 있다.

## '이데올로기'에 대한 새로운 접근

'이데올로기'는 19세기 초 프랑스의 철학자 드 트라시가『이데올로기 원론』에서 처음 사용했지만, 이후에 다양한 의미를 갖게 되면서 모호해진 개념이다. 현재는 대개 비판적 의미로 쓰인다. 하지만 이 단어는 마르크스주의 맥락에서 중요한 역할을 수행한다.

지젝은 마르크스주의에서 사용되는 '이데올로기'의 개념을 라캉의 정신분석이론과 헤겔 철학으로 설명한다. 오늘날 포스트모던의 상황을 근본부터 비판하고 새로운 사회적 가능성을 열기 위해서다. 즉, **'헤겔 철학을 라캉을 통해 읽음으로써 이데올로기에 새로운 접근법을 열어 포스트모더니즘의 덫에 걸리지 않고 현대의 이데올로기 현상을 이해하는 것'**, 이것이 지젝의 의도이다.

그렇다면 어떻게 이러한 의도를 수행할까.

'이데올로기'의 정의는 일반적으로 마르크스가 『자본론』에서 '그들은 그것을 알지 못하지만 행하고 있다'라고 한 것으로 여겨진다. 통상 이데올로기를 '허위의식'으로 간주하고 비판한다. 말하자면 이데올로기의 안경을 벗고, 현실을 있는 그대로 직시하라고 말이다. 그러나 지젝은 이러한 이해를 비판하며 **어떻게 현실이 이데올로기적 속임수를 통해 구성되는지를 밝혀야 한다**고 주장한다.

## 공상을 통해 만들어진 '현실'

여기에서 지젝은 라캉에서 유래한 '현실'(reality)과 '현실계'(the Real)의 구별을 가져온다.

지젝에 따르면 '현실계'는 견디기 힘든 것이어서, 우리는 이것을 보지 않도록 공상을 통해 '현실'을 만들어낸다. 예를 들면 다음과 같다.

"이데올로기는 우리의 현실에서 여러 사회적 관계를 구조화하고, 그로 인해 견디기 힘든 현실계의, 있어선 안 되는 핵심을 가리는 환각인 것이다."

따라서 '이데올로기에서 각성하라!'고 아무리 외쳐봤자 해방되지 않는다.

그렇다면 어떻게 해야 할까. 지젝의 답은 이것이다.

**"우리의 이데올로기적 꿈의 위력을 타파하는 유일한 방법은, 이 꿈속에 나타나는 우리 욕망의 현실계를 직시하는 것이다."**

그러나 어떻게 '현실계'를 직시하느냐가 사실 가장 어려운 문제가 아닐까.

POINT

**'현실계'를 직시하는 것이 이데올로기에서의 해방으로 이어진다.**

## 베르나르 스티글레르

『기술과 시간 1~3』, 이시다 히데타카 감수·니시 겐지 옮김, 호세이대학출판국.
『기술과 시간』 국내 미출간.

'감옥에 다녀온 철학자'로 알려진 스티글레르는 '미디올로지'에 주목했다. 언어의
매개가 되는 기술과 미디어의 의의를 밝힌 책이다.

프랑스 철학자. 콩피에뉴공과대학 교수, 음향·음악 연구소 소장, 퐁
피두센터 문화개발부 디렉터 등을 역임했다. 문화 자원의 IT화 국가
프로젝트의 중책을 맡기도 했다. 기술과 인간의 관계를 근원적으로
묻는 포스트구조주의 이후의 대표적인 철학자다.

## 언어를 매개하는 '미디어'에 주목

20세기 말 포스트구조주의의 세계적인 유행도 끝을 보이면서 철학에서는 새
로운 방향을 모색하기 시작했다. 푸코와 들뢰즈, 데리다에 이어 누가 철학을
이끌어갈지, 또 그 철학은 포스트구조주의와 어떤 관계가 있을지 관심과 궁
금증이 끊이지 않았다.

그 무렵 마침 프랑스에서는 새로운 철학이 태동하고 있었다. 1940년생 철
학자 레지스 드브레는 1960년대에 쿠바를 방문하기도 하고, 볼리비아에서
체게바라의 전투에 참가하여 널리 알려졌다. 귀국 후 그는 '미디올로지'(Me-
diologie, 매개학)라는 학문을 내세우며 포스트구조주의와는 다른 길을 걷기
시작했다.

드브레에 따르면 지금까지 언어와 기호는 적극적으로 논의되었지만, 이것을 매개하는 기술적 매체(미디어)는 거의 주목받지 못했다. 하지만 언어든 기호든 그것을 전달하는 매개 조직이 없으면 성립하지 않는다.

게다가 미디어의 방식에 따라 언어와 기호의 '메시지 성질이 결정'된다. 실제로 구두로 대화를 나누는 상황, 책과 같은 인쇄물을 읽고 정보를 이해하는 상황, 인터넷을 통해 의사소통을 하는 상황에서의 인간관계와 정보 내용은 크게 다르다. 그리하여 1960년대 '기호적 전회'에 대해 드브레는 **'미디올로지적 전회'**를 주장했다.

## 은행 강도 전과가 있는 철학자

이러한 드브레의 사상에 영향을 받은 베르나르 스티글레르(Bernard Stiegler, 1952~2020)는 기술과 미디어를 주제로 정하고 '미디올로지'에 관한 견해를 더욱 발전시켰다.

드브레의 미디올로지는 자칫하면 기술이 문화와 사상을 결정하는 '기술 결정론'에 빠지기 쉽다. 스티글레르는 **기술 결정론을 피하면서도, 기술과 미디어의 의의를 밝히기 위해** 대작 『기술과 시간』(1994)을 발표했다.

참고로 그에게는 독특한 경력이 있다. 약물 복용과 은행 강도 전과가 있는 **'감옥에 다녀온 철학자'**로 유명하다. 보통의 학교 교육과는 다른 과정을 통해 철학자가 되었다는 점에서 다양성을 강조하는 현대 사회에 걸맞은 전형인지도 모른다.

## 철학은 기술에 대해 '사고하지 않았다'

스티글레르에 따르면 『기술과 시간』이 다루는 대상은 '모든 미래 가능성의 지평으로서 파악된 기술'이다.

즉, 기술이 고찰 대상인 것이다. 기존의 철학은 '기술을 억압해 왔다'고 일컬어졌으며, 기술은 철학에서 사고의 대상이 아니었다. 명백하게 **철학은 '기술'에 대해 충분히 고찰하지 않고, 그 중요성을 놓쳐왔던 것**이다.

그러나 기술은 인간에게 가장 본질적인 것이며, 이를 무시하고 인간을 이해하기란 불가능하다. 스티글레르는 플라톤의 『프로타고라스』에 나오는 프로메테우스와 에피메테우스 형제의 이야기를 통해 그 이유를 밝힌다.

"신들은 프로메테우스와 에피메테우스를 불러 각 생물에 어울리는 장비를 갖추고, 능력을 나눠주도록 명했다. 동생 에피메테우스가 '능력을 분배하는' 역할을 맡고 다양한 생물에 각각 적합한 능력을 주었다. 하늘을 나는 능력, 빨리 달리는 능력 등등……. 이처럼 그는 거의 모든 생물에게 능력을 주었지만, 인간에게 줄 능력을 깜빡 잊어버렸다."

"형 프로메테우스는 '다른 동물은 모든 일이 잘되었는데, 인간만 벌거벗은 채로 신을 것도 없고 깔 것도 없고 무기도 없이 지내는' 모습을 보았다. 그리하여 그는 인간을 위해 '기술을 다루는 지혜와 불을 훔쳐서 (중략) 인간에게 선물했던' 것이다."

## '기술' 없이 '인간' 없다

이 이야기가 말하는 것은 '에피메테우스의 실수를 대신 보충하기 위해 프로메테우스는 인간에게 자신의 외부에 두는 선물, 증여를 하는' 것이다. '인간은 기원에 있어서 결핍되어 있기' 때문에 '자기 외부에 인공 보정 기구와 같은 성질이 필요하다'는 것이다. 즉, 기술은 태어날 때부터 '결핍된 존재'인 인간에게 없어선 안 된다.

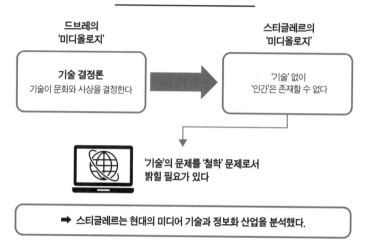

### 스티글레르와 '미디올로지'

**드브레의 '미디올로지'**

**기술 결정론**
기술이 문화와 사상을 결정한다

**스티글레르의 '미디올로지'**

'기술' 없이
'인간'은 존재할 수 없다

'기술'의 문제를 '철학' 문제로서
밝힐 필요가 있다

➡ 스티글레르는 현대의 미디어 기술과 정보화 산업을 분석했다.

따라서 '**기술' 없이 '인간'은 존재할 수 없고, '기술'의 문제를 '철학'의 문제로 밝힐 필요가 있다.**

이러한 시점에서 스티글레르는 기술, 특히 미디어 기술을 면밀하게 분석했다. 그래서 현대의 디지털 미디어의 상황을 분석하거나 영화를 소재로 하기도 한다. 그는 현대의 정보문화산업사회를 강하게 비판하고 새롭게 살아가는 방식을 모색했다.

POINT

**태어날 때부터 결핍된 존재인 인간에게 '기술'은 필요하다.**

# 퀑탱 메이야수

『유한성 이후』, 지바 마사야 외 옮김, 진분쇼인.
『유한성 이후』, 정지은 옮김, 도서출판B.

'사변적 실재론'의 이론적 지주로 평가받는 메이야수는 이 책을 출간하여 정체하
던 현대 철학계의 새로운 영웅으로 각광받게 되었다.

프랑스의 철학자. 파리제1대학 판테온 소르본에 재직 중이다. 아버
지는 인류학자인 클로드 메이야수이다. 2012년 베를린자유대학에
서 열린 강의에서 『유한성 이후』에서 표명한 몇 가지 견해를 명확화
한 뒤 부분적으로 수정했다.

## 디지털미디어의 새로운 철학 운동

20세기 말에 푸코와 들뢰즈가, 21세기에 데리다가 그 뒤를 이어 사망하자 현
대 사상에서 거장들의 빈 자리가 커졌다.

그 이후 철학계에 혜성처럼 등장한 사람이 프랑스 철학자 퀑탱 메이야수
(Quentin Meillassoux, 1967~)이다. 그는 저명한 철학자 알랭 바디우의 지도를
받아 30대 무렵부터 주목받기 시작했다.

그가 등장하기 이전, 이미 20세기 말 현대 사상을 비롯한 철학계 전반에
는 정체된 분위기가 감돌았다. 프랑스의 구조주의와 포스트구조주의, 독일
의 해석학과 현상학, 영미권의 언어학 등이 사회 전체에 만연하는 상대주의
풍조에 대해 유효한 대응책을 마련하지 못했다. 이것의 극단적인 문화 현상

이 **포스트모던의 유행**이었다. 이 흐름 속에서는 객관적인 진리나 보편타당한 논증이 불가능한 것처럼 보였다.

이러한 전 세계의 상황에 맞서듯이 젊은 세대를 중심으로 디지털 미디어를 통한 새로운 철학 운동이 형성되기 시작했다. 그것이 **'사변적 실재론'**이다. 이론적 지주로 주목받은 메이야수는 2006년에 『유한성 이후』를 출간하고, 좁은 영역에서뿐만 아니라 **전 세계에서 현대 사상계의 새로운 영웅으로 떠올랐다.**

그는 자신의 철학을 그때까지 동료들이 사용했던 '사변적 실재론'이 아닌 '사변적 유물론'이라고 부른다. 여기서는 정신에 대한 물질의 독립성을 주장한 것을 확인한 뒤에 '사변적 실재론'이라고 부르기로 한다. 그러면 메이야수의 시도가 기존 철학을 향해 무엇을 주장하고 싶은지가 훨씬 명확해질 것이다.


## '유한성'을 뛰어넘은 곳에 있는 '절대성'

메이야수의 기본 주장은 제목에서 암시하듯이 '유한성'을 뛰어넘어 '절대성'에 이르는 것이다.

애초에 여기에서 '유한/절대'라고 말하는 것은 무엇일까.

우선 '절대'부터 생각해보자. '절대'라는 말은 메이야수뿐만 아니라 다양한 철학자가 쓰고 있지만, 기본적으로 **다른 것에서 분리된 것**이다. 다른 것과 비교하는 일은 상대화가 되고, 다른 것과 연관을 지으면 '상관적'이 된다. 이러한 관계성을 모두 탈피하고 그 자체로 존재할 때 '절대적'이라고 말한다.

헤겔이 말하는 '절대지'(絶對知)는 '의식과의 관계를 벗어난 앎'이기 때문에 '절대적'인 것이다.

이 구별을 염두에 두고 『유한성 이후』를 읽으면 메이야수의 기본 의도를 알 수 있다. 그것은 **'상관주의'를 비판하고, 그 자체로 존재하는 '절대적인 것' 으로 향하는 일**이다.

메이야수에 따르면 칸트 이후의 철학(현상학, 분석 철학, 포스트모던)은 모두 '사고와 존재의 상관으로만 접근이 가능하다'고 생각했다. 이러한 '상관의 극복 불가능한 성격을 인정하는 모든 경향'을 메이야수는 '상관주의'라고 하여 극복하려 한다.

## 인류 멸망 후의 세계도 '가능한 사건'으로서 상정

분명 칸트의 '코페르니쿠스적 전회'를 통해 이른바 '소박실재론'[12]이 비판을 받은 이후, 인식에서 독립한 존재 자체를 상정하는 일은 엄격하게 경계했다. 그래서 대상은 항상 의식과의 상관관계에서 이해되고, 인식과 분리되어 존재하기란 불가능하다고 여겨졌다.

하지만 **수학과 과학이 이해하는 것은 의식의 상관성에서 벗어난 '절대적 존재'가 아닌가.** 이것이 메이야수의 질문이다. 즉, 인간의 사고에서 독립한 '존재'를 생각할 수 있을 것이다.

예를 들면 인류가 출현하기 이전의 세계는 존재하지 않았을까. 혹은 인류가 소멸한 이후의 세계는 '가능한 사건'으로서 상정할 수 있지 않을까. 이것은 '인간에게서 분리 가능한 세계'로서 과학적으로 고찰할 수 있을까.

고찰할 수 있다면 **인간의 사고와 상관적이고 '유한한' 인식뿐만 아니라, 사고에서 분리된 '절대적'인 인식도 가능하다**고 말할 수 있을 것이다.

---

12) 눈에 보이는 그대로 사물이 존재한다고 믿는 입장. ― 옮긴이

메이야수는 수학과 과학을 모델로 상관성에서 벗어난 절대적인 실재를 인식할 것을 주장하며 '사변적 실재론'(유물론)을 내세웠다.

POINT

**인간의 사고에서 독립한 '절대적 존재'도 인식할 수 있다.**

## 마르쿠스 가브리엘

『왜 세계는 존재하지 않는가』, 시미즈 가즈히로 옮김, 고단샤선서메티에.
『왜 세계는 존재하지 않는가』, 김희상 옮김, 열린책들.

이 책이 세계적인 베스트셀러가 되면서 단숨에 유명해진 가브리엘. 이 젊은 천재 철학자는 현대의 철학적 문제를 어떻게 해결할 것인가?

독일의 철학자. 서양 철학의 전통에 뿌리를 두면서도 '새로운 실재론' 을 주장하여 세계적으로 주목을 받았다. 일본에서는 NHK교육방송 〈욕망의 시대의 철학〉에 출연해 화제가 되었다. 저서로는 『'나'는 뇌 가 아니다』, 『신실존주의』 등이 있다.

## 기대를 모으며 등장한 '천재'

21세기가 되어 데리다가 사망하고, 현대 사상을 견인했던 철학자들의 빈 자리가 생겼다. 앞으로 철학은 어디를 향하는가, 사람들의 관심이 쏠리던 때, 기대를 모으며 등장한 사람이 독일의 철학자 마르쿠스 가브리엘(Markus Gabriel, 1980~)이다.

　그는 29세의 젊은 나이로 본대학 교수에 취임하여 이미 10권이 훨씬 넘는 저작을 발표했다. 고전어뿐만 아니라 여러 언어를 자유롭게 구사하는 재능 으로 인해 '천재'라고 불리기도 한다.

　마르쿠스 가브리엘은 독일 관념론 특히 셸링 철학을 전문으로 하지만, 그 뿐만 아니라 고대부터 현대 철학에 이르기까지 폭넓은 지식을 갖췄다. 현대 철학에서는 영미권의 분석 철학과 프랑스의 구조주의·포스트구조주의에도 정통하여 유럽 철학과 영미철학의 중간 역할도 하고 있다. 그는 세계 여러 나라 철학자들과도 교류하고 있으며, 일본에도 몇 차례 방문해 방송에 출연하면서 이름이 알려졌다.

그가 일반 독자들을 대상으로 발표한 『왜 세계는 존재하지 않는가』(2013)는 독일 국내뿐만 아니라 세계적으로 큰 호응을 얻었다.

이 책은 전체 3부작 중 제1부이고, 제2부 『나는 뇌가 아니다』가 일본에서도 번역되었다(고단샤선서메티에).[13] 독일에서는 제3부 『사고의 의미』가 이미 출판되어 3부작을 완성했다.[14]

가브리엘 철학의 중심 테마는 현대의 철학적 상황을 어떻게 타개하느냐에 있다. 20세기에는 포스트모던 철학이 유행했고, 상대주의적 사고방식이 세계적 경향이 되었다. 한편, 과학 기술과 인지 과학이 발전하면서 자연과학적 사고법(자연주의라고 부른다)이 힘을 얻으며 다른 분야까지 침식했다. 예를 들면 인간의 마음에 관한 탐구조차도 뇌 연구를 통해 이해할 수 있다고 하는 견해(뇌과학 신화)가 늘고 있다.

이러한 두 경향에 대해 **철학은 어떤 답을 마련하고, 어떻게 문제 해결에 나설 것인가.** 마르쿠스 가브리엘의 3부작은 이러한 물음에 답한다.


## '세계'에 관한 두 가지 정의

마르쿠스 가브리엘이 2013년에 출판한 『왜 세계는 존재하지 않는가』는 **'신실**

---

13) 국내에는 2018년 열린책들에서 출간되었다. ─ 옮긴이
14) 국내에는 2021년 『생각이란 무엇인가』라는 제목으로 출간되었다. ─ 옮긴이

재론'이라는 관점을 드러내고 있다. 신실재론의 관점에서 어떻게 '세계가 존재하지 않는다'는 주장이 나온 것일까.

주의할 점은 '세계는 존재하지 않는다'라는 명제에는 또 다른 명제가 있다는 것이다. **'세계 이외의 것은 모두 존재한다'**라는 명제이다. 즉, '세계는 존재하지 않는다'라는 명제와 '세계 이외의 것은 존재한다'라는 명제를 함께 이야기한 것이다.

가브리엘에 따르면 이 두 가지 명제를 증명하는 것이 『왜 세계는 존재하지 않는가』의 과제이다.

그의 주장은 다음과 같다.

"식물도, 꿈도, 화장실 물 내리는 소리도, 유니콘도 존재한다. 진화와 같은 추상 개념도 존재한다. 하지만 세계만은 존재하지 않는다."

여기서 '세계'는 무엇을 상정하고 있을까. 그는 '세계'의 개념을 두 가지로 정의했다.

첫째, **가장 큰 영역을 가리키는 개념이라는 것.** 따라서 물리학적인 '우주'보다 '세계'가 훨씬 커다란 개념이 된다.

둘째, **사물이 아니라 사실의 총체라는 것.** 이는 비트겐슈타인이 『논리철학논고』에서 제기한 중요한 명제이다. 의자나 책상, 컴퓨터 등은 사물이다. 대상이라는 것은 'A는 B다', 'A는 C다'와 같이 글로 표현되는 사실이다. 그러한 사실을 전부 모은 것을 '세계'라고 부른다.

## 현대의 '자연주의'를 비판

가브리엘의 독창성은 사실의 총체라는 비트겐슈타인의 '세계' 개념에 '의미의 장'을 추가했다는 점이다. 그에 따르면 **'A는 X라는 의미의 장에서 B다'**

가 된다.

예를 들면 유니콘은 신화라는 의미의 장에서 존재하고, 내가 꾼 꿈은 나의 기억이라는 의미의 장에서 존재한다. 이것들은 물리적인 의미의 장에서는 존재하지 않는다 해도, 다른 의미의 장에서는 존재하고 있다.

**모든 것은 무조건 존재하는 것이 아니라, 'X라는 의미의 장에서' 존재하는 것**이다.

문제는 세계 또한 'X라는 의미의 장에서 존재하는가'이다. 하지만 그렇게 되면 X는 세계보다 큰 것이 된다. 이는 '세계'의 정의에 어긋난다. 따라서 '세계'를 포괄하는 'X'는 존재하지 않는다. 그리고 'X'가 존재하지 않기 때문에 '세계'도 당연히 존재하지 않는다. 이것이 가브리엘이『왜 세계는 존재하지 않는가』에서 말한 논리다.

이러한 논리를 통해 가브리엘은 무엇을 주장하고 싶은 것일까.

## 『왜 세계는 존재하지 않는가』의 논리

```
              ┌─────────────────┐
              │      명제        │
              └─────────────────┘
             세계는 존재하지 않는다
                     ↓
          어째서 그렇게 말할 수 있는가?

┌──────────────┐                    ┌──────────────────┐
│  세계의 정의   │ ←──────────────→ │ '의미의 장'을 추가한 │
└──────────────┘                    │       세계        │
                       모순          └──────────────────┘
세계는 가장 커다란 영역을 가리킨다      모든 것은 'X라는 의미의 장에서'
                                            존재한다
                     ↓
         세계보다 큰 X는 존재하지 않는다
                     ↓
            세계도 존재하지 않는다
```

그 밑바탕에는 **현대의 '자연주의'적 경향에 대한 비판**이 있다. '자연주의'에 따르면 물리적인 것과 그 과정만 존재하고, 그 외의 것은 독자적인 의미가 없다. 예를 들어 마음의 작용도 결국은 뇌의 과정으로 환원되어 뇌를 이해하면 마음도 이해할 수 있다고 간주하는 것이다.

그러나 '신실재론'은 **이러한 자연과학적 우주뿐만 아니라, 마음의 고유한 세계 또한 존재**한다고 주장한다.

**'세계는 존재하지 않는다'라는 논리를 통해 '마음의 세계'가 존재하는 것을 증명했다.**

알아두면 돈이 되는
# 철학 명저 50

**초판 1쇄** 2022년 4월 28일

**지은이** 유이치로 오카모토
**옮긴이** 박소영

**편집** 이동은, 김주현, 성스레
**미술** 강현희
**마케팅** 사공성, 강승덕, 한은영
**제작** 김호겸

**발행처** 북커스
**발행인** 정의선
**이사** 전수현

**출판등록** 2018년 5월 16일 제406-2018-000054호
**주소** 서울시 종로구 평창30길 10
**전화** 02-394-5981~2(편집) 031-955-6980(마케팅)

**값** 16,000원
**ISBN** 979-11-90118-36-1 (03100)

※ 북커스(BOOKERS)는 ㈜음악세계의 임프린트입니다.
※ 이 책의 판권은 북커스에 있습니다. 이 책의 모든 글과 도판은 저작권자들과 사용 허락 또는 계약을
　맺은 것이므로 무단으로 복사, 복제, 전재를 금합니다. 파본이나 잘못된 책은 교환해드립니다.